面向汽车革命的顶层设计与战略协同

主　编　张永伟
副主编　王贺武　王晓明
参　编　陆化普　高世楫　王殿铭　冯丽雯　李孟良　葛雨明
　　　　　张　瑶　李振光　冉　泽　周博雅　胡金玲　房家奕
　　　　　吴胜男　肖天正　陈明玉　朱　晋　熊　英　刘　茜
　　　　　罗　燊　晋一宁　王晓旭　吴依静

机械工业出版社

目前，汽车产业进入前所未有的深度变革期，其与能源、环境、通信、交通等领域的协同发展也成为重大课题，亟待讨论和研究以下问题：在能源协同方面，如何推动新能源汽车与电力系统智慧互动，并促进可再生能源消纳，构建车用氢能供应体系；在环境协同方面，如何更大程度地发挥新能源汽车的低碳化和环境友好效益，应对气候变化和改善人居环境质量；在通信协同方面，如何促进车联网应用由辅助驾驶向自动驾驶演进，打造完善产业生态；在交通协同方面，如何围绕交通强国发展需求，推动车路协同基础设施建设，并探索可行的商业模式。

本书主要由三大部分组成。第一章介绍了多领域产业变革背景，并提出汽车是融合创新的集中载体，面向"五化"革命，需推动跨领域的协同发展，并创新管理手段。第二章到第五章，分别对汽车与能源、环境、通信、交通等领域的协同趋势进行了判断，并分析了协同发展的潜力与效益以及面临的问题，最后提出协同的重点任务与发展路径。第六章围绕促进跨界融合，提出深化体制机制改革、提升研发创新能力、探索融合发展模式、营造良好发展环境的建议。

本书适合汽车产业研究人员、汽车企业战略制定人员阅读参考。

图书在版编目（CIP）数据

面向汽车革命的顶层设计与战略协同／张永伟主编.—北京：机械工业出版社，2020.8
ISBN 978-7-111-66490-1

Ⅰ.①面… Ⅱ.①张… Ⅲ.①汽车工业-产业发展-研究-中国 Ⅳ.①F426.471

中国版本图书馆 CIP 数据核字（2020）第 169575 号

机械工业出版社（北京市百万庄大街22号 邮政编码100037）
策划编辑：赵海青　　责任编辑：赵海青
责任校对：赵　燕　　责任印制：张　博
北京宝隆世纪印刷有限公司印刷
2021年1月第1版第1次印刷
169mm×239mm·8.25印张·1插页·101千字
标准书号：ISBN 978-7-111-66490-1
定价：89.00元

电话服务　　　　　　　　网络服务
客服电话：010-88361066　　机 工 官 网：www.cmpbook.com
　　　　　010-88379833　　机 工 官 博：weibo.com/cmp1952
　　　　　010-68326294　　金 书 网：www.golden-book.com
封底无防伪标均为盗版　　机工教育服务网：www.cmpedu.com

前　言

汽车产业正在经历以电动化、智能化、网联化、共享化、绿色化为特征的革命（简称"五化"革命）。发展新能源汽车在全球范围内达成广泛共识，整体宏观导向趋势明显。同时，各国政府高度重视智能网联汽车发展，相继出台了以车辆智能化、网联化为核心的发展战略。车企也在自动驾驶的感知、决策和控制等技术上加大资金投入。互联网巨头以及具有信息技术背景的高科技企业则借助新技术、新模式对汽车进行颠覆性改造与革新。此外，出行市场正在从拥车向按需服务转变，共享出行模式迸发出强劲的发展动力。由此可见，汽车产业的产品、技术、模式、业态都在发生深刻变革，发展进入崭新阶段。

能源、环境、通信、交通领域也进入到前所未有的变革期。我国能源结构正在向清洁化、低碳化、电气化转型，可再生能源发电比例也在提升；中国提出了二氧化碳（CO_2）排放2030年左右达到峰值、单位国内生产总值二氧化碳排放比2005年下降60%～65%的目标；物联网、云计算、大数据、移动互联网、5G等新一代信息技术与汽车融合步伐的加快；共享出行步入全面发展时期，未来汽车共享出行将与公交、铁路、民航系统打通，为消费者提供更加便利、综合、一体化交通出行解决方案。

汽车、能源、环境、通信、交通等多领域的变革，同时聚集在当前，相互耦合、相互吸纳，协同发展成为必然。协同发展不仅带动汽车原材料、零部件以及服务市场的发展，而且能助力解决能源转型与基础设施重构等重大社会问题，并刺激通信和互联网行业的创新，以及出行方式的变革，为我国经济发展提供新动力。此外，新能源汽车在行驶过程中接近零排放，它的发展也将显著改善空气质量。作为国家工业体系的象征，汽车是各项新技术应用的落脚点。汽车"五化"革命极大地拉动了各领域的技术升级，并孕育出完全不同的产业生态，对我国经济、社会发展具有深刻影响。

目 录

前言

CHAPTER 1 第一章　大变革背景下汽车产业新定位 ... 001

01 **多领域产业变革同时发生，汽车是融合创新的集中载体** ... 002
　　（一）新一轮产业革命深度和广度前所未有，协同发展成为
　　　　　必然 ... 002
　　（二）汽车行业是协同发展的重要场景 ... 003

02 **多产业融合的新型生态需要创新管理手段** ... 005
　　（一）汽车自身和外在互联属性需要新的行业管理和
　　　　　政策体系 ... 005
　　（二）协同发展需增强顶层设计 ... 005

03 **把握产业融合发展机遇，推动汽车产业高质量发展** ... 006
　　（一）中国电动汽车、可再生能源、5G、共享出行走在
　　　　　国际前列 ... 006
　　（二）全球汽车产业格局调整，是我国汽车产业转型的
　　　　　重要机遇 ... 007

04 **中国汽车社会的发展拥有较大潜力** ... 007

CONTENTS

CHAPTER 2 第二章 汽车与能源协同发展 ... 011

- 01 我国能源产业发展现状与未来趋势 ... 012
  - （一）清洁化、低碳化、电气化是能源结构调整方向 ... 012
  - （二）能源需求增速将放缓，结构持续优化 ... 014
  - （三）我国能源供给能力可满足新能源汽车发展需求 ... 017
- 02 协同发展的效益与潜力 ... 021
  - （一）降低我国汽柴油需求 ... 021
  - （二）平抑电力供需随机性 ... 024
  - （三）助力清洁能源消纳 ... 027
- 03 协同发展面临的问题 ... 028
  - （一）电动汽车与电力系统协同发展存在的问题 ... 028
  - （二）电动汽车与可再生能源协同发展存在的问题 ... 033
  - （三）车用氢能产业发展面临的主要问题 ... 035
- 04 协同发展路径 ... 037
  - （一）加快实现全网范围内的源网荷储智慧互动 ... 037
  - （二）构建支撑电动汽车发展的绿色能源供给体系 ... 039
  - （三）健全车用氢能供应体系 ... 041

CHAPTER 3 第三章 汽车与环境协同发展 ... 043

- 01 我国环境质量现状与变化趋势 ... 044
  - （一）大气环境持续改善的同时，减排形势依然严峻 ... 044
  - （二）交通部门是环境治理的重点 ... 046
- 02 协同发展的效益与潜力 ... 048
  - （一）电力清洁化、低碳化转型，电动汽车减排效益凸显 ... 048

CONTENTS

（二）现阶段电动汽车材料周期排放高，终端能源转型是
　　减排关键 ... 051

03　协同发展面临的问题 ... 052
　　（一）过度追求续驶里程，车辆大型化使减排放缓 ... 052
　　（二）新能源汽车经济性有待改进 ... 053
　　（三）动力蓄电池回收处理体系不完善 ... 057
　　（四）新能源物流车实际推广运营问题较多 ... 058

04　协同发展路径 ... 061
　　（一）着力推动轻量化，关注续驶里程合理发展 ... 061
　　（二）规划全面电动化路径，推进交通移动源纳入碳交易工作
　　　　 ... 061
　　（三）完善电池回收利用体系，建立产业链闭环 ... 062
　　（四）激励新能源物流车推广，推动运营模式良性发展 ... 063

CHAPTER 4　第四章

汽车与通信协同发展 ... 065

01　协同发展的演进 ... 066
　　（一）车联网通信产业持续升级 ... 067
　　（二）车联网应用将由辅助驾驶向自动驾驶发展 ... 070

02　协同发展的效益与潜力 ... 072
　　（一）车联网发展将为通信行业带来巨大的增量市场 ... 072
　　（二）5G 赋能车联网，加速自动驾驶进程 ... 076

03　协同发展面临的问题 ... 079
　　（一）车联网应用面临商业化挑战 ... 079
　　（二）C－V2X 标准、测试认证体系不完善 ... 082
　　（三）数据应用标准不成熟，信息安全问题突出 ... 083
　　（四）车联网生态有待完善 ... 086

CONTENTS

04 协同发展路径 ... 088
（一）探索创新型商业模式，提高车端渗透率、网络覆盖率 ... 088
（二）完善标准、测试验证体系 ... 089
（三）创新数据应用，加强信息安全 ... 089
（四）完善车联网生态，鼓励车联网解决方案商加入 ... 090

CHAPTER 5 第五章

汽车与交通协同发展 ... 091

01 协同发展的演进 ... 092
（一）车路协同是智能交通系统的高级发展形式 ... 092
（二）智能交通背景下我国汽车与交通协同的阶段划分 ... 095
（三）车路协同应用场景不断丰富 ... 098

02 协同发展的效益与潜力 ... 100
（一）降低自动驾驶成本，改善安全性 ... 100
（二）提高出行效率 ... 101
（三）提升资源的集约利用 ... 102
（四）提高社会经济效益 ... 103

03 协同发展面临的问题 ... 104
（一）顶层协调机制缺失，政策法规构建存在难点 ... 104
（二）产业生态现状制约车路协同推广 ... 105
（三）安全管控与测试体系待完善 ... 108

04 协同发展路径 ... 109
（一）加强跨部门协同，强化政策协调 ... 109
（二）健全产业生态，探索多样化商业模式 ... 109
（三）强化智能网联汽车安全监管，完善测试验证体系 ... 112

CONTENTS

CHAPTER 6 第六章

顶层设计建议 ... 115

01 深化体制机制改革 ... 116

02 提升研发创新能力 ... 116

03 探索融合发展模式 ... 117

04 营造良好发展环境 ... 118

参考文献 ... 119

第一章

大变革背景下
汽车产业新定位

当前，能源和环境挑战日益严峻，新一轮科技革命和产业变革持续演进，新材料和新能源、大数据、云计算、移动互联、人工智能等新兴技术与汽车产业形成了历史性的交汇，汽车产业加速向电动化、智能化、网联化、共享化和绿色化方向发展，产业生态面临重塑的新局面。

01_ 多领域产业变革同时发生，汽车是融合创新的集中载体

（一）新一轮产业革命深度和广度前所未有，协同发展成为必然

汽车产业正在经历以电动化、智能化、网联化、共享化、绿色化为特征的革命（简称"五化"革命）。发展新能源汽车在全球范围内达成广泛共识，整体宏观导向趋势明显。同时，各国政府高度重视智能网联汽车的发展，相继出台了以车辆智能化、网联化为核心的发展战略。车企也在自动驾驶的感知、决策和控制等技术上加大资金投入。互联网行业巨头以及具有信息技术背景的高科技企业则借助新技术、新模式对汽车进行颠覆性改造与革新。此外，出行市场正在从拥有车辆向按需服务转变，共享出行模式迸发出强劲的发展动力。由此可见，汽车产业的产品、技术、模式、业态都在发生深刻变革，发展进入崭新阶段。

能源、环境、通信、交通领域也进入到前所未有的变革期。我国能源结构正在向清洁化、低碳化、电气化转型，可再生能源发电比例也在提升；我国提出了二氧化碳（CO_2）排放在 2030 年左右达峰、单位国内生产总值二氧化碳排放比 2005 年下降 60%～65% 的目标；物联网、云计算、大数据、移动互联网、5G 等新一代信息技术与汽车融合的步伐加快；共享出行步入全面发展时期，未来汽车共享出行将与公交、铁路、民航系统打通，为消费者提供更加便利、综合、一体化交通出行解决方案。

汽车、能源、环境、通信、交通等多领域的变革同时聚集在当前，相互耦合、相互吸纳，协同发展成为必然。协同发展不仅带动汽车原材料、零部件以及服务市场的发展，而且能助力解决能源转型与基础设施重构等重大社会问题，并刺激通信和互联网行业的创新，以及出行方式的变革，为我国经济发展提供新动力。此外，新能源汽车在行驶过程中接近零排放，其发展也将显著改善空气质量。

（二）汽车行业是协同发展的重要场景

作为国家工业体系的象征，汽车是多项新技术应用的落脚点。汽车"五化"革命极大地拉动了各领域的技术升级，并孕育出完全不同的产业生态，如图1-1所示。

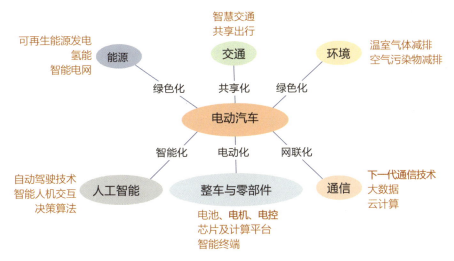

图1-1 电动汽车与相关领域的技术融合

1）汽车电动化融合了先进材料研发应用与高精尖零部件制造水平。汽车电动化的发展与电池、电机、电控等关键零部件的技术升级相互促进，一方面，电动汽车技术性能的要求提高，不断推动关键零部件与材料技术升级；另一方面，新材料、新技术在电动汽车上的应用速度加快，促使电动汽车整车产品技术持续迭代升级。

2）**汽车智能化蕴含了人工智能在交通领域的巨大应用潜力**。基于新一代的人工智能、大数据、云计算技术，未来交通可以加速智能化。得益于传感器、车载芯片、人工智能算法等核心技术的研发与应用，汽车自动驾驶在复杂环境感知、精准定位、智能决策、协同控制等方面得到快速进步。

3）**汽车网联化推动了新一代通信技术的普及**。汽车网联化已进入商品化阶段，其商业价值体现在物联网的个人定制服务、行车安全、汽车售后服务、移动流量等多个方面。5G网络将加快汽车网联化进程，能够使得高度的自动驾驶成为可能。基于无线通信、传感探测等技术进行车路信息获取，通过车与车、车与路之间的信息交互和共享，实现提高道路交通效率、提升出行体验的目标。

4）**汽车共享化加速了共享经济与共享社会的到来**。共享汽车借助移动互联网、大数据等技术提升城市交通服务能力。消费者无需购买汽车，仅需为出行服务付费，汽车使用率将大大提高，也将降低出行成本。出行即服务（Mobility as a Service，MaaS）的单位出行里程支出与私家内燃机汽车出行相比具有10倍的成本优势[1]。

5）**汽车绿色化体现了全方位的可持续发展理念**。一方面通过发展新能源汽车，减少车用化石燃料的消耗，有利于节能减排目标的实现；另一方面，利用电动汽车储能特性和V2G技术，能够促进可再生能源发电的消纳，逐步达到从源头到使用终端全生命周期的绿色化。

由此可见，汽车与能源、环境、通信、交通已发生深度融合，"汽车+X"协同发展效应显著，对我国经济、社会发展具有深刻影响。

02 多产业融合的新型生态需要创新管理手段

（一）汽车自身和外在互联属性需要新的行业管理和政策体系

汽车产业具有战略性、支柱性和先导性的特征，其产业管理内容包含准入、生产、消费、基础设施、回收等多个环节。汽车行业管理主体众多，同时，汽车大规模普及带来的城市规划、出行安全、环境影响、能源供给和产品质量等问题成为社会关注的焦点，进而要求国家对汽车生产、消费和使用进行严格和有效的监管。

在大变革背景下，汽车的技术特征、生产组织方式、消费格局及基础服务体系都将发展改变。跨领域融合发展带来监管主体多样化，需加快汽车产业管理体制的改革，跨行业管理体系也需加强协同。新一代信息技术正在引发数字化革命转型浪潮，驱动汽车生态系统重构，市场准入管理和产业政策需要转变；电动汽车的能源补给基础设施运营商、共享出行服务商、车辆大数据平台运营商等参与到汽车产业链中，带来的商业模式创新为政府政策制定和监管提出了新的难点；网联化涉及大量数据与信息的分发、传输、存储与利用，会产生巨大信息流和数据流，需制定完善的网络信息安全、数据保护、隐私保护的法律法规。

（二）协同发展需增强顶层设计

新能源汽车与能源、环境、通信、交通等融合发展成为各界关注焦点，而新能源汽车发展的上游资源供给瓶颈、充换电及加氢站基础设施基础不牢固、电动汽车与电网尚未实现有效互动、新商业模式的盈利难题、智能网联汽车法律制度构建等问题需要进一步解决。因此，推动汽车产业与各产业深度融合发展也需顶层设计。

推动汽车产业与能源、环境、通信、交通领域的融合发展,需要把握这些领域的发展现状与趋势,并深度剖析融合发展可能在政策体系、市场格局、技术发展等方面存在的一系列问题,进一步针对协同发展的障碍,提出科学性解决路径。

03 把握产业融合发展机遇,推动汽车产业高质量发展

(一)中国电动汽车、可再生能源、5G、共享出行走在国际前列

在全球能源动力系统技术变革进程中,我国交通行业电动化起步早。经过3个五年计划的艰苦努力,中国已成为全球新能源汽车研发和产业化最活跃的区域之一。同时,"三电"技术取得本土化突破,动力电池更是走在世界前列。

得益于电网的清洁化升级,我国发展新能源汽车具有显著的减排效果。我国煤电电厂污染物排放近几年大幅降低,将输电损失计算在内,我国煤电主要污染物排放强度从2010年的6.35克/(千瓦·时)降低到2016年的0.9克/(千瓦·时),降低幅度达86%。同时,我国风电、太阳能发电规模居全球第一。

自动驾驶代表未来汽车产业发展的战略制高点,我国在这方面的布局与国际基本同步。智能汽车的发展也将带动车载芯片、软件、信息通信、数据服务等产业成为新的经济增长点。

车联网是新一轮科技产业竞争的焦点。我国全面参与新一代通信国际标准制定,5G移动通信技术具有领先优势。同时,我国互联网、信息通信领域涌现出一批全球领军企业,移动通信和互联网运营服务能力位列世界

前茅，为车联网发展奠定了核心基础。

从拥有车辆向按需出行转变，我国汽车共享出行发展全球领先。目前，全球网约车市场规模约为单日 5000 万乘次。我国作为全球共享出行的领头羊，2019 年年底汽车共享出行覆盖全国 37.1% 人口[2]，2015—2019 年我国网约车客运量占出租车客运总量的比重从 9.5% 提高到 37.1%，呈现出巨大的市场活力。

可见，我国在电动汽车、可再生能源、5G、大数据、共享出行等领域均走在国际前列，多领域与汽车产业的融合发展将为实现我国汽车强国梦奠定基础。

(二) 全球汽车产业格局调整，是我国汽车产业转型的重要机遇

全球汽车产业格局和生态体系正在重塑。新型动力系统将取代传统发动机、变速器占据主导地位；来自互联网、通信、科技等非汽车领域的企业开始布局汽车相关业务。汽车发达国家纷纷提出产业升级战略，发展中国家也利用成本、资源、市场等优势，积极承接国际产业和资本转移。

汽车"五化"革命是缓解我国能源和环境压力、加快汽车产业转型升级、培育新的经济增长点和提升国际竞争优势的战略举措，是我国迈向汽车强国的必由之路。面对新形势下新需求，我国借助体制优势，利用先发机遇，打造稳定、可持续的发展环境，将为推动汽车产业高质量发展提供重要支撑。

04_ 中国汽车社会的发展拥有较大潜力

1）从千人汽车保有量看，我国与国际上的汽车强国相比较仍有较大差

距。虽然我国已经拥有相当巨大的车辆规模，但是千人汽车保有量较低。2019年，美国的千人汽车保有量为837辆，意大利为695辆，日本为591辆，德国、英国、法国分别为589辆、579辆、569辆，中国的千人汽车保有量仅有173辆[①]。汽车的普及率水平在城市和乡镇之间、发达地区与欠发达地区之间存在巨大的差异和渐次传递发展的过程，同时，庞大的人口基数和可预期的经济增长目标也为中国汽车产业持续发展奠定了基础。

2）**早期研究低估了我国2020年前汽车保有量的发展速度**。在2000年至2015年间，已有众多学者和机构对中国汽车保有量进行预测，普遍认为2015年中国保有量在1亿辆左右，远低于实际所达到的1.63亿辆。这是因为一方面我国在2008年以后出台了一系列刺激汽车消费的鼓励政策，同时人均可支配收入保持了持续的快速增长；另一方面，汽车价格的下降激活了农村与小城镇的购车市场。

3）**相关预测研究也可能高估了我国2020年后的汽车保有量**。近年已有的研究大部分没有考虑共享化和自动驾驶对拥有车辆消费观念的影响，极有可能高估了我国2020年至2050年的汽车保有量。

如图1-2所示，在常规发展情景下，考虑我国能源环境、人口资源、经济发展等多方面的制约作用及当前汽车革命的现状，我国汽车保有量在2030年达到4.1亿辆，2030年后保有量增长速率下降，并于2050年达到5亿辆的保有量。在共享化情景下，由于共享出行模式及理念的普及，汽车的使用效率提高，人们由购买汽车转变为使用汽车，汽车的绝对数量降低，于2040年达到保有量的峰值4亿辆左右，随后缓慢下降。在共享自动驾驶情景下，自动驾驶与共享出行的结合将大幅度提升交通效率，人们购买汽车的欲望极大地降低，汽车保有量的峰值仅为3亿辆左右。

---

① 数据来源：世界银行。

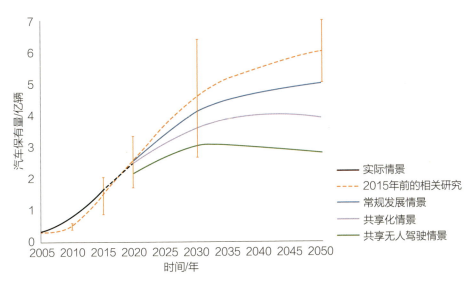

图1-2 中国汽车保有量在不同情景下的预测结果

CHAPTER

第二章

汽车与能源
协同发展

01 我国能源产业发展现状与未来趋势

（一）清洁化、低碳化、电气化是能源结构调整方向

从一次能源消费结构看（见图2-1），近年来，我国严格控制煤炭消费，煤炭消费量在2013年达到峰值，2018年煤炭消费量2804百万吨标准煤，占一次能源消费比例为57.7%；受大规模工业和住宅煤改气项目推动，以及天然气进口的支持，天然气消费增长势头强劲，2019年，我国天然气消费量达到394百万吨标准煤，同比增长8.8%；在国家强力政策推动下，我国非化石能源使用量加速增长，2019年达到15.3%，成为中国能源转型的重要组成和未来电力增量主体。

图2-1 我国一次能源消费结构

数据来源：国家统计局（一次电力是指核电、水电、风电以及太阳能发电所发出的电力）。

1）电力在终端能源消费结构中的比例不断提升，可再生能源发电持续发力。2018年，我国电力占终端能源消费的比例为25.5%[3]（见图2-2）。

2019年，全社会用电量为7.23万亿千瓦·时，受关键设备价格下降、项目开发经验成熟等因素驱动，可再生能源发电成本稳步下降，相应发电量占比也持续提升。2019年可再生能源发电量为1.93万亿千瓦·时，占总发电量比例为26.4%（见图2-3），其中，风电全年发电量为4053亿千瓦·时，太阳能全年发电量为2237亿千瓦·时，风电与太阳能发电量合计占全年总发电量的8.6%。

图2-2 我国电能占终端能源消费的比例

图2-3 不同燃料在我国发电结构中的占比

数据来源：中国电力企业联合会。

2) **氢能是构建现代能源体系的重要方向**。我国具有丰富的氢能供给经验和产业基础，是世界上最大的制氢国，现有工业氢气产能超过2500万吨/年，其中,煤、天然气、石油等化石燃料制氢占比约67%,工业副产品提纯制氢约占30%,电解水制氢约占3%。在终端加氢设施方面,截至2019年底,我国已建成加氢站66座(含台湾),在营加氢站46座,占全球在营加氢站的比例约为10.65%。

(二) 能源需求增速将放缓,结构持续优化

1) **能源需求增速放缓,即将进入增长饱和阶段**。根据国家发改委能源所(见图2-4)预测[4],中国一次能源需求总量约在2025年达到峰值,总量约为50亿吨标准煤,其中化石能源需求在2020年前后达到峰值,约42亿吨标准煤。预计到2035年,我国一次能源消费总量为44亿吨标准煤,其中非化石能源消费为22亿吨标准煤,在一次能源消费中的占比为38.7%;可再生能源消费总量达到14亿吨标准煤,逐渐成为能源系统中的主导能源。

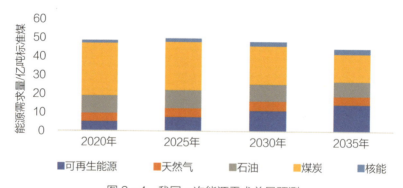

图2-4 我国一次能源需求总量预测

数据来源:国家发改委能源所。

2) **中国电力需求将长期持续增长**。如图2-5所示,预计2020~2035年期间电力需求年均增长2.9%。到2035年,中国电力消费将达11.37万亿千瓦·时[4],占终端能源消费比重37.2%。

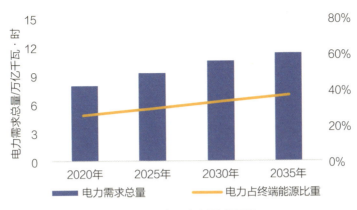

图 2-5 我国电力需求预测

数据来源：国家发改委能源所、国网能源研究院。

3）**可再生能源在电力结构中的比重仍将提升**。预计 2022 年我国陆上风电发电成本将下降到 0.36 元/(千瓦·时)，2025 年将下降到 0.34 元/(千瓦·时)。2022 年我国太阳能发电成本将下降到 0.37 元/(千瓦·时)，"三北"地区可基本实现发电侧平价上网；2025 年将下降到 0.33 元/(千瓦·时)[5]。按照新能源技术进步、成本下降趋势以及电网的承载能力，预计 2035 年，风力发电装机容量将超过 1100 吉瓦，总发电量超过 3 万亿千瓦·时；太阳能发电装机容量约 1500 吉瓦，发电量 1.8 万亿千瓦·时[4]，其中分布式光伏将得到大力发展（见图 2-6、图 2-7）。

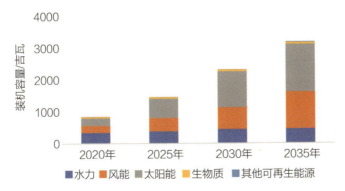

图 2-6 我国可再生能源装机容量预测

数据来源：国家发改委能源所。

图 2-7 我国可再生能源发电量预测

数据来源：国家发改委能源所。

4）**氢能供给将持续增长**。氢能应用市场潜力巨大，在能源、交通、工业等领域具有广阔的应用前景。如图 2-8 所示，根据中国氢能联盟预测[6]，到 2035 年，中国氢能供给量将达到 4000 万吨，在终端能源体系中占比 5.9%。按照"灰氢不可取，蓝氢可以用，废氢可回收，绿氢是方向"[7]的思路，到 2035 年，化石能源制氢配合碳捕获与封存（Carbon Capture and Storage，CCS）技术，以及可再生能源电解水制氢将成为有效供氢主体，占供给结构的 90% 以上。

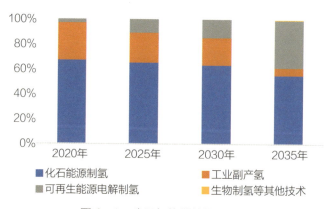

图 2-8 我国氢能供给能力预测

(三) 我国能源供给能力可满足新能源汽车发展需求

1. 2035 年纯电动汽车用电量仅占全社会用电量的 5%

不同车型的百千米电耗、年行驶里程差异较大，本小节分阶段假设不同车型的车辆规模，并计算相应用电量。

假设条件如下（见表 2-1）：

表 2-1 分阶段不同车型的纯电动汽车能耗及里程假设条件

项　　目		2020 年	2025 年	2030 年	2035 年
能耗/[（千瓦·时）/100 千米]	私家车	16	14	13	12.5
	出租车	16	14	13	12.5
	公交车	65	62	60	58
	其他客车	65	62	60	58
	轻微型货车	45	43	40	38
	中重型货车	150	147	142	138
年行驶里程/万千米	私家车	2	2	2	2
	出租车	12	12	12	12
	公交车	6	6	6	6
	其他客车	6	6	6	6
	轻微型货车	6	6	6	6
	中重型货车	8	8	8	8

出租车：出租车分为巡游出租车与网约出租车。近五年我国城市巡游出租车保有量维持在 140 万辆左右，且客运量持续下滑。与此同时，网约车发展迅速，截至 2020 年 9 月，交通运输部发放车辆运输证的网约车已达

到 100 多万辆[8-9]。不过受限于城市出行空间○,预计出租车总体保有量未来将稳定在 450 万辆左右,假设 2025 年、2030 年、2035 年出租车电动化率分别为 45%、75%、85%。

客车:由于城市轨道交通发展冲击公交客流量,近几年我国公交车出行比例下降,公交车保有量增速放缓。截至 2019 年底,全国拥有公交车 69.3 万辆,同比增长 2.9%,电动化率达到 46.8%[10]。高铁、飞机等长途出行方式的普及导致近年公路客运量下跌,公路客运车辆保有量近 5 年维持在 80 万辆左右。目前,我国公路客运车辆电动化进程较慢。预计 2035 年我国电动客车保有量约 180 万辆。

货车:随着我国物流行业发展和专业化程度不断提升,出于环保及配送效率角度考虑,[11]未来电池技术的提升将带来成本下降,同时物流业持续增长,到 2035 年,轻微型电动货车保有量进一步提升至 480 万辆,中重型电动货车为 60 万辆。

根据以上假设条件,到 2035 年电动汽车用电量合计 5707 亿千瓦·时(见表 2-2),按照前文预测 2035 年全社会用电量为 11.37 万亿千瓦·时,则电动汽车用电量仅占全社会用电量的 5%(见图 2-9)。可见未来电动汽车电耗需求总量占全社会用电量的比例有限。

表 2-2　2035 年纯电动汽车用电需求预测

项　　目	私家车	出租车	公交车	其他客车	轻微型货车	中重型货车
保有量/万辆	11000	380	80	100	480	60
电耗/[(千瓦·时)/100 千米]	12.5	12.5	58	58	38	138

○ (GB 50220—1995)《城市道路交通规划设计规范》规定的城市万人出租车拥有量为 20 辆的标准。

(续)

项　　目	私家车	出租车	公交车	其他客车	轻微型货车	中重型货车
年行驶里程/万千米	2	12	6	6	6	8
用电量/亿千瓦·时	2750	573	278	348	1094	662

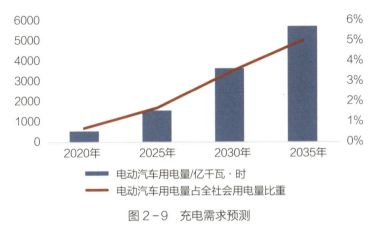

图2-9 充电需求预测

数据来源：中国电动汽车百人会。

2. 2035年车用氢能需求将占氢能产能17.5%

目前，我国车用氢能产业正在完成从以技术研发为主，向运用示范和产业化推进的方向转变，逐步进入产业发展的关键时期。大型国有企业、新创企业、国外资本加快涌入，地方政府对车用氢能产业关注度持续升温，不断强化和扩大区域产业布局。当下我国已经基本掌握了车用燃料电池核心技术，具备大规模示范运行的条件，截至2019年，我国累计销售氢燃料电池车约6000辆。

假设分阶段不同车型燃料电池汽车参数设定见表2-3，则预计氢燃料电池汽车保有量在2025年、2030年，到2035年分别达到10万辆、35万辆、100万辆。由于氢燃料电池系统较锂离子动力电池更复杂，储能密度更高，适合大功率、长续航的车辆使用，因而近中期，乘用车在氢燃料电池汽车中占比较小。

表2-3 分阶段不同车型燃料电池汽车参数设定

项目		2020年	2025年	2030年	2035年
氢耗/ （千克/100千米）	乘用车	1.2	1.1	1	1
	轻型客车、货车	4	3.8	3.5	3.2
	大中型客车	7.5	7	7	6
	重中型货车	15	14	13	12
年行驶里程/ 万千米	乘用车	2	2	2	2
	轻型客车、货车	6	6	6	6
	大中型客车	6	6	6	6
	重中型货车	8	8	8	8

根据以上假设条件，到2035年，氢燃料电池汽车年均氢耗量合计为698万吨（见表2-4），占2035年氢能需求量的17.5%（见图2-10）。

图2-10 车用氢能需求预测

表2-4 2035年不同车型氢能需求预测

项　　目	乘用车	轻型客车、货车	大中型客车	重中型货车
保有量/万辆	3	7	30	60
氢耗/（千克/100千米）	1	3.2	6	12
年行驶里程/万千米	2	6	6	8
氢能需求/万吨	0.6	13	108	576

02　协同发展的效益与潜力

（一）降低我国汽柴油需求

燃油经济性提高将减少未来车用汽油需求，同时新能源汽车的发展将进一步拉低汽油需求。如图2-11所示，①不考虑各类影响因素，汽车总保有量按现状增长，预计2050年用油量是4.7亿吨；②只考虑燃油经济性提高，使单车耗油量大幅下降，预计2050年用油量是2.7亿吨；③叠加考

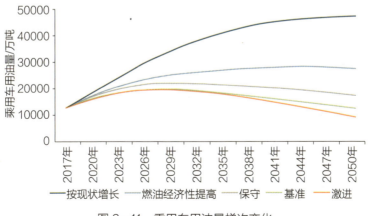

图2-11 乘用车用油量梯次变化

虑汽车电动化、智能化、共享化影响，汽油替代量将进一步减少。在保守情景下，2050年用油量为1.7亿吨，与按现状增长相比较共减少3亿吨；在基准情景下，2050年用油量为1.2亿吨，共减少3.5亿吨；在激进情景下，2050年用油量为8500万吨，共减少3.9亿吨。

在上述基础上，再考虑摩托车用油，以及天然气、乙醇、甲醇、煤制油等其他替代车用燃料。如图2-12所示，在保守情景下，汽油消费峰值为2亿吨，2050年回落至1.5亿吨左右；在基准情景下，汽油消费峰值为1.8亿吨，2050年回落至1亿吨左右；在激进情景下，汽油消费峰值为1.8亿吨，2050年回落至7000万吨左右。

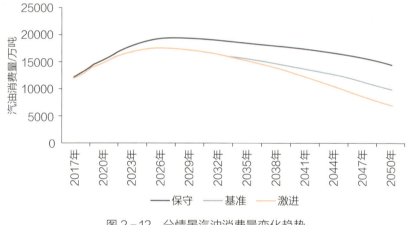

图2-12 分情景汽油消费量变化趋势

商用车电动化将加速国内柴油需求的下滑。与乘用车不同，商用车本身处于高强度使用环境下，柴油需求下滑更多来自商用车电动化。如图2-13所示，在保守情景下，到2050年新能源替代柴油3400万吨，减少柴油消费量24%；在基准情景下，2050年替代柴油4000万吨，减少柴油消费量28%；在激进情景下，替代柴油4700万吨，减少柴油消费量三分之一。

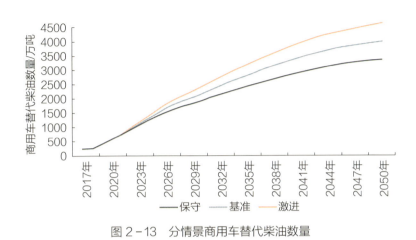

图 2-13　分情景商用车替代柴油数量

柴油消费量还需考虑替代燃料和其他行业影响。天然气、生物柴油、煤制油等替代燃料都会引起车用柴油的减少。其他行业包括农业、铁路、工业、建筑等行业。农业、建筑用油量还将有一定增长。工业、发电领域将持续萎缩。综合来看，预计保守情景下，2050 年柴油消费量为 9000 万吨左右，基准情景为 8300 万吨，激进情景为 7700 万吨，是 2017 年消费水平的 45%~55%（见图 2-14）。

图 2-14　分情景柴油消费量变化趋势

化工等领域需求增长对冲新能源汽车替代影响。虽然发展新能源汽车能降低我国汽柴油需求，但同时化工、航空等领域的需求增长，将会部分对冲汽车电动化带来的汽柴油消费量下降。未来，国内煤油、化工轻油消费量还将保持较快增长，2050年将是2017年消费量的2倍以上，液化石油气也将持续增加。燃料油受到工业转型升级、天然气替代等影响，将维持在较低消费水平，主要用于水路运输。据此综合考虑，在保守情景下，我国石油消费可达峰值7.9亿吨，2050年略微降至7.7亿吨；在基准情景下，约为7.2亿吨，2050年回落至6.2亿吨；在激进情景下，约为6.8亿吨，2050年回落至5亿吨（见表2-5）。

表2-5 不同情景下我国石油消费情况

项目	保守情景	基准情景	激进情景
峰值/亿吨	7.9	7.2	6.8
2050年需求/亿吨	7.7	6.2	5.0
对外依存度波动范围	74%~77%	70%~73%	67%~72%

如果不发展新能源汽车，未来国内原油对外依存度将接近80%，且长期维持在75%以上。而发展新能源汽车，可有效遏制原油对外依存度上升态势，理想情况可使原油对外依存度下降10个百分点左右，低于当前70%的水平。发展新能源汽车对我国能源安全具有重要意义，但仍无法彻底扭转原油对外依存度高的局面。因此，降低我国原油对外依存度之路任重而道远，需替代、节约和国内资源开发等措施合力共为。

（二）平抑电力供需随机性

电动汽车充电是一种新型的非线性负荷，且电动汽车充电在时间和空间上具有分散性和随意性，但若能与电网进行友好互动，则电动汽车可作为备用容量，辅助电力系统运行，提高电网供电的可靠水平。若对电动汽车的充电和放电进行引导和控制，使得电动汽车进行有序充放电，则电动汽车可发挥削峰填谷、改善电能质量、平滑功率波动和消纳可再生能源等积极作用[12]。

假设电动乘用车充电功率为 7 千瓦，电动出租车、轻微型电动物流车及微型电动物流车充电功率为 30 千瓦，电动公交车和中重型电动货车充电功率为 120 千瓦，且至 2035 年充电功率维持不变。同时，动力电池技术的进步也促使各类车型的储能能力逐年提升。根据我国电池技术路线图能量密度目标，假设各类车的电池重量不变，本书对不同车型的电池容量给出如下设定（见表 2-6）：

表 2-6 分阶段不同车型的电动汽车电池容量设定

项 目		2020 年	2025 年	2030 年	2035 年
电池容量/ [（千瓦·时）/辆]	乘用车	60	65	80	90
	客车	160	172	200	230
	轻微型货车	100	108	135	150
	中重型货车	280	300	330	360

根据以上假设分析，到 2035 年，我国电动汽车的总充电负荷将达到 1317 吉瓦，全国电动汽车的储电容量将达到 116 亿千瓦·时。有序用电降低对电力负荷的影响，主要是通过价格引导和智能充电管理来实现，有望使充电负荷下降 20%～70%[13]。

如表 2-7 所示，假设私家车日行驶里程为 55 千米，V2G 放电至电池电量的 30% 截止，那么 2035 年乘用车日用电量为 6.8（千瓦·时）/辆，V2G 潜力将超过 62 亿千瓦·时（见图 2-15），若对电动汽车这种分布式移动储能装置进行有效利用，按照 0.5 元/（千瓦·时）估计，私家车 V2G 的总市场规模将超过 30 亿元。

表2-7 2035年不同类型汽车的充电负荷以及储能容量预测

项目	私家车	出租车	公交车	其他客车	轻微型货车	中重型货车
保有量/万辆	11000	380	80	100	480	60
充电功率/千瓦	7	30	120	120	30	120
充电负荷/吉瓦	770	115	96	120	144	72
储能容量/亿千瓦·时	99	3.4	1.8	2.30	7.2	2.2

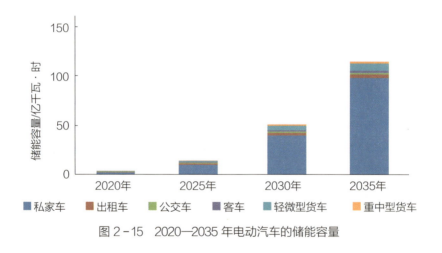

图2-15 2020—2035年电动汽车的储能容量

通过对配电网负荷的优化调整，V2G技术能减少配电网容量的配置，降低配电网增容扩建成本。当前以燃煤发电机组为代表的发电机组在调频和旋转备用时受到爬坡/滑坡速率约束，反应较慢且成本较高。相比之下，电动汽车具有双向调节和响应速度快的优点，为系统提供调频和旋转备用服务，有效平衡发电输出和电力需求，并在短时间内将电网的频率维持在平稳水平，减少负荷波动，见表2-8。

表2-8　V2G技术功能及效益[14]

功　　能	效　　益
削峰填谷，平抑电网负荷，减少对电网冲击	提高设备利用效率，降低电网运行成本
调节频率，根据电网需求进行调频	减少电网对发电机组的调频容量需求和支付的调频成本
旋转备用，在发电系统中提供同步容量	减少电网对发电机组的备用容量需求和备用成本

可见，新能源汽车可以通过利用V2G实现削峰填谷和储能应用，提升电力系统灵活运行能力，保障电网安全稳定运行。

（三）助力清洁能源消纳

近年来，我国新能源消纳情形有所好转，但弃风、弃光形势依然严峻。2019年，全国弃风电量169亿千瓦·时，平均弃风率4%，比2018年下降3个百分点。大部分弃风限电严重地区的形势进一步好转，如图2-16所示，与2017年相比，内蒙古、甘肃、宁夏弃风率下降超过10个百分点，东三省弃风率下降更是超过12个百分点。全国弃光电量46亿千瓦·时，平均弃光率2%，比2018年下降1个百分点[15]。

图2-16　弃风率严重地区

若根据发电侧出力特征，通过 V2G 功能，利用电动汽车充放电行为的灵活性，在可再生能源发电高峰时间对电能进行存储，就可以提高可再生能源的消纳能力。例如，在有序充电情况下，配电网可以调度电动汽车充放电功率，在夜间购买弃风电量，从而提高可再生能源消纳能力[16]。

结合分布式微电网实现可再生能源的就地消纳。分布式光伏充电站可根据需求与公共电网智能互动，实现并网、离网两种不同运行模式，为没有电网接入资质的民资或个体企业，尤其是有集中充电需求的新能源物流车和电动汽车租赁企业，提供了很好的选择。未来，微电网向"高比例可再生能源+储能+电动汽车+其他用能"的风光储充一体化发展，电力供需双方首先在微网层面实现平衡，然后再与大电网交互，可以减少大电网平衡调节的成本，增强电网消纳可再生能源的意愿。

03 协同发展面临的问题

（一）电动汽车与电力系统协同发展存在的问题

1. 充电基础设施体系建设有待加强

1）充电基础设施结构性供给不足。 车桩比呈下降趋势，但充电桩数量仍然跟不上新能源汽车的需求。2019 年底，我国充电桩保有量为 121.9 万个。从公共充电桩布局来看，多省份公共充电基础设施建设远未达到规划要求（见图 2-17）。从私人充电桩布局来看，我国私桩配建率为 67.8%，但部分地区建私人充电桩依然存在诸多不便，由于在居民小区内建设充电桩增加了的物业管理难度，同时物业企业没有获得直接经济效益，因此物业企业对于充电设施建设的积极性不高。

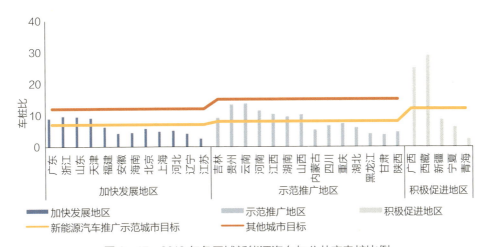

图 2-17　2019 年各区域新能源汽车与公共充电桩比例

注：公共充电桩数据来自中国充电联盟，新能源汽车数据为机动车保险，由中国电动汽车百人会测算。

2）**小区配电网建设改造难度大**。电动汽车的聚集性充电可能会导致局部地区的负荷紧张，电动汽车充电时间的叠加或负荷高峰时段的充电行为将会加重配电网负担，产生局部配网增容改造的需求。电网建设中征地难、施工难度大，项目评估体制不完善等问题普遍存在，其中配电变压器及线路工程落地难的问题尤为突出。

3）**快充桩、大功率充电桩建设进程仍然有待加速**。国内量产乘用车充电功率普遍在 50~100 千瓦，最高已经达到 150 千瓦，商用车充电功率普遍在 200~350 千瓦，最高可接近 500 千瓦。无论从消费者需求还是电动汽车充电功率水平上来看，当前主流的 60~100 千瓦充电桩已不能满足行业发展需求。同时，新能源运营车（公交车、专用车、出租车、网约车等）与公共快充桩的车桩比在扩大，由 2016 年的 4.4∶1 扩大到 2019 年的 6.6∶1（见图 2-18），而 2019 年，新能源非运营车与慢充桩的车桩比为 2.4∶1，反映了在充电桩整体发展速度与新能源汽车行业不匹配的大背景下，公共快充桩相对于运营类电动车的发展缺口问题更加突出。不过，近年公共直流桩充电功率提升快，2019年新增直流桩平均充电功率为116千瓦，公共桩充电效率也有明显提升。

图2-18 公共类快充电站缺口问题突出

注：由中国电动汽车百人会测算。

4）大幅提升充电效率的需求十分迫切，但实现大功率充电对整车、动力电池、充电桩和电网都提出了更高的要求。

① 电压、电流的显著提升要求整车的高压防护等级、热管理等安全性能更高。提升电压将对车辆的绝缘等级提出更高要求，对车辆电子元器件的要求将提高；提升电流就必然带来发热问题，解决充电过程中的电池散热问题成为关键。

② 充电速度也取决于汽车端能够接受功率的大小，关键指标在于电池的充电倍率。目前我国乘用车用锂离子电池的充电倍率已达到2C水平，但未来继续提升至更高的充电倍率仍面临较多考验。

③ 充电桩元器件的耐压、绝缘、线缆的重量和粗细、温控、兼容性等方面要改进。

④ 在电网负荷方面，如果大功率充电设备数量较多，对现有电网可能造成较大压力。谐波污染是充电站对配电网电能质量影响的主要因素，造

成电路损耗和发热量增加[17]。

5）充电基础设施信息和支付互联互通水平有待加强。目前，我国充电设施行业已初步形成信息交互分享机制和商业规则，头部运营商有效整合了充电服务平台信息资源，促进不同服务平台之间的互联互通，并为用户提供充电导航、状态查询、充电预约、费用结算等服务，拓展增值业务，提升用户体验和运营效率。各运营平台都在尽力充实充电设施数量，从而尽可能多地囊括充电设施信息，期望带来更多的用户流量来做大做强自己的运营平台。现阶段全国充电基础设施信息互联互通进展显著。然而，由于各运营商对用户流量入口的高度保护，不同的充电运营商需要指定的充点卡和应用程序（App）才能完成支付，运营商之间支付互联互通程度不高。大一统的平台广泛互联互通之后，用户一定向它聚集，形成流量优势，但是平台与运营商在如何共享流量、服务费分成等问题上争议较大。

2. V2G 模式应用推广难

1）缺乏针对性的电动汽车与电网互动战略及顶层设计。这严重制约了相关企业技术研发，在新能源汽车快速发展的变革期，更影响了 V2G 基础设施建设和布局。同时，在 V2G 领域尚没有统一的标准和相关政策，不同的通信接口和协议阻碍了电网的统一协调调度，影响车辆与电网的交互。若采用基于换电模式的 V2G 技术，还需要对电池进行统一的标准化管理。

2）关键技术储备不足。大部分企业拥有自主的有序充电技术积累，但是相关技术标准不统一。同时我国 V2G 领域的双向充放电装置、通信系统等关键技术有待探索，针对不同 V2G 目标的调控技术和控制策略仍然缺失，亟待加强产业化研究。此外，V2G 的推广依赖电池技术进步和成本降低（见表 2-9）。

表 2-9　私家车角度 V2G 经济性分析（在现有电价下，考虑电池技术进步情景）

序号	指标	2018 年	2025 年	2030 年
（1）	动力电池容量/千瓦·时	40	65	80
（2）	单体容量成本/[元/（瓦·时）]	0.8	0.5	0.4
（3）	电池系统成本/（元/车）	48000	58500	64000
（4）	动力电池循环次数/次	2000	3500	4000
（5）	单次循环成本/（元/次）	24	16.7	16
	V2G 模式下成本分析			
（6）	单次充放电收益/（元/次）	0.8	4.9	7.3
（7）	电价峰谷差/[元/（千瓦·时）]	0.2	0.2	0.2
（8）	充电量/[（千瓦·时）/次]	28	45.5	56
（9）	放电量/[（千瓦·时）/次]	19.2	37.8	48.9
（10）	单车电池与充电总成本/元	46480	41473	34930

3）**市场环境仍待优化**。首先中国电力交易市场门槛过高。相比传统的用户侧电力资源，电动汽车储能和需求响应资源存在分布散、容量小的特点，按照储能准入标准，必须汇聚数百乃至上千辆电动汽车才能形成符合资质的功率容量，规模门槛问题极大地限制了电动汽车参与电力市场交易。其次是车辆调度难度大。以往研究表明，若电动汽车参与需求响应将影响到车辆的正常使用，该模式难以被消费者接受。同时，现阶段的补贴电价引导机制作用有限，严重制约了充换电运营商、电动汽车企业参与电力市场的积极性，不利于发挥电动汽车储能价值。最后，如何对双向流动的能量进行合理的计量，如何对电动汽车提供的储能服务进行结算，这些都是需要解决的问题。

(二) 电动汽车与可再生能源协同发展存在的问题

中国可再生能源发电与电动汽车呈反向布局特点,电动汽车难以大规模消纳可再生能源。如图 2-19 所示,从 2019 年我国新能源汽车保有量分布来看,主要集中在东部地区。然而,2019 年全国风电累计装机中"三北"地区占 64%,全国光伏发电装机则主要集中在西部地区,以及山东、江苏、浙江、河北等省份。2019 年,我国弃风率较高的地区是新疆、甘肃、内蒙古、河北;弃光率较高的地区主要是西藏、新疆、青海和甘肃,弃光率分别为 24%、7.4%、7.2%、4%[18-19]。可见,我国电动汽车用电市场与可再生能源发电市场存在区域性布局错位。此外,电动汽车与可再生能源的协同,不仅涉及技术问题,还受电价激励程度、商业模式、电力市场准入门槛等诸多复杂因素的约束,而目前这些问题都没有完美的解决方案。

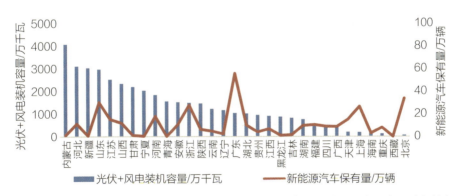

图 2-19 2019 年主要省份风、光发电装机容量(左轴)与新能源汽车保有量(右轴)
数据来源:国家能源局。

过去的研究提出电动汽车消纳可再生能源的主要途径有两种,一种为通过有序充电引导电动汽车在夜间消纳风电,另一种为通过分布式光伏为电动汽车充电,直接消纳光伏发电。虽然在有序充电情景下,电动汽车可以在夜间低谷段消纳风电,但是由于缺乏有效的价格激励,有序充电的效果尚未完全显现；并且由于缺乏采购风电的实施主体和实施路径，精准消纳风电难以实现。

可再生能源消纳相关政策落地缓慢。2017 年 1 月 18 日，国家发改委、财政部、国家能源局发布《关于试行可再生能源绿色电力证书核发及自愿认购交易制度的通知》，可再生能源电力绿色证书（简称"绿证"）自愿认购随之开启。然而由于缺乏强制性，绿证销售情况并不尽如人意。截至 2020 年 7 月底，已累计出售绿证 37916 个，其中风电绿证交易量为 37750 个，2019 年至今风电绿证的平均交易价格为 153 元/个［折合 0.153 元/（千瓦·时）］，由于当前光伏项目补贴强度超出风电较多等因素，光伏绿证交易量仅 166 个，平均交易价格为 675.1 元/个［折合 0.6751 元/（千瓦·时）］。"绿证"累计风电核发量远远超过累计风电交易量，光伏情况同样如此（见图 2-20、图 2-21）。

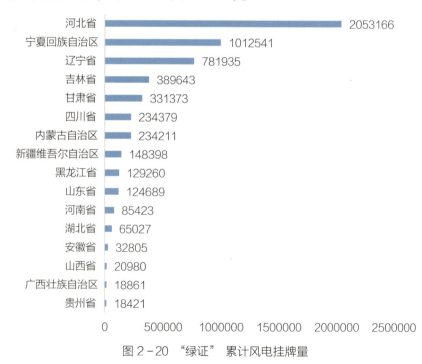

图 2-20　"绿证"累计风电挂牌量

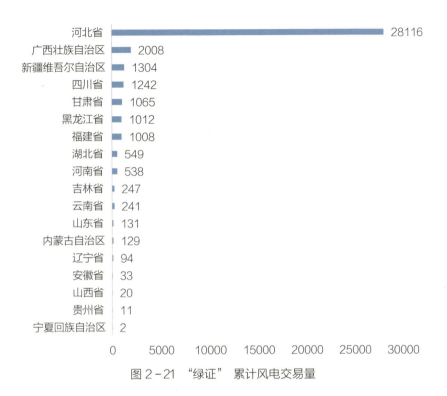

图 2-21 "绿证" 累计风电交易量

我国电力辅助服务机制一定程度上提升了我国电力系统灵活性，但仍有待改进。现行的辅助服务机制仍以燃煤火电和水电为主，未将电动汽车等新兴灵活性调节资源纳入市场交易。而为将电动汽车纳入电力市场运行，一方面要求现有辅助服务的分类和技术标准进行相应的扩充，破除政策和规则上的障碍；另一方面则增加了辅助服务成本核算的复杂程度。现行基于成本核算的价格补偿方法，难以应对如此复杂的成本效益关系，也难以充分反映不同种类辅助服务在不同时段市场价值的变化。

(三) 车用氢能产业发展面临的主要问题

1) 到目前为止，我国尚未出台氢能的专项发展规划。我国现有车用氢能产业政策以偏宏观的产业引导和侧重于技术路线、技术研发的引导为主，车用氢能产业顶层设计尚不清晰，产业发展目标、发展路径等不够完善和清晰。当前，虽然各类主体正加快涌入车用氢能产业，一批地方政府也在进行产业布局，但缺乏从国家层面进行的规范和引导。不考虑企业技术基础、区域资源禀赋优势和产业基础而盲目跟风的现象，以及跑马圈地、投资泡沫、产业无序发展、恶性竞争的态势已初现端倪。如果不能及时从国家层面对产业发展做好顶层设计，我国车用氢能产业发展容易出现急速盲目扩张、产能过剩和技术空心化等风险。

2）**相关核心技术发展滞后，制约氢能产业发展**。首先，目前氢气仍作为危化品系统延伸管理，缺乏氢能作为能源产品的相关法规体系。其次，我国车用氢能储运技术较为匮乏，现有储运技术以高压气态为主，氢气运输成本较高。采用20兆帕的气态运输氢气，运输成本超过10元/千克。最后，我国氢能标准体系建设存在一定的滞后。在氢气供给涉及的储/运系统安全要求和试验方法、车用氢气品质要求、车用氢瓶标准等方面都还没有建立一套成熟完善的标准。

3）**车用氢能基础设施成为突出瓶颈**。当前，随着燃料电池汽车示范应用的加快推进，我国一些地区和企业已经开始了面向百辆级甚至千辆级燃料电池汽车示范运行需求的氢能供给探索，服务于燃料电池汽车的氢气制取、运输和加注越来越受到重视。然而，我国不仅缺乏对氢气纯化、存储、运输等产业化技术的支持政策，国家层面的加氢站审批流程、加氢站运营管理规范等也较为匮乏。在加氢站的建设过程中，规划、立项、审批、运营监管方面还在摸索前行。加氢站建设已成为我国车用氢能产业发展的突出瓶颈。对于燃料电池汽车小规模应用急需的加氢站建设，虽然一些地方出台了专门的补贴政策，国家层面目前仍未出台明确的支持政策。

04 协同发展路径

（一）加快实现全网范围内的源网荷储智慧互动

电动汽车发展已经驶入快车道，提前做好电动汽车与电力系统和可再生能源协同发展的顶层设计并提出实施建议，对于未来电动汽车和电力行业的发展都至关重要。如图 2-22 所示，通过电力需求侧响应、V2G、微电网等技术或手段，可以大幅提高配网的灵活性，增加消纳配网内的可再生能源，而配网灵活调节能力的提升将增加大电网的灵活调节能力，继而有助于消纳大型可再生能源电站产生的绿电。

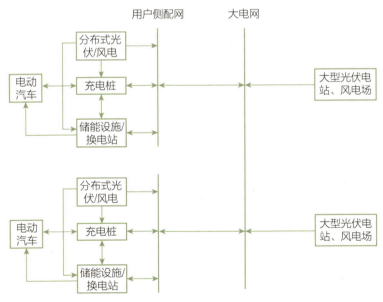

图 2-22　电动汽车与电力系统和可再生能源协同示意图

1. 完善充电服务体系

加速充电设施的建设与合理布局。结合新能源汽车及充电基础设施分布情况，以及当地电网规划，提出适当的设施建设规划，对自用充电设施、专用充电设施和公用充电设施的建设区别对待。例如，专用充电设施应根据服务对象，按需配建充电设施，车桩比不必达到1∶1；推动居民区充电设施智能化建设和改造，支持多车一桩、私桩共享等模式。

发展大功率充电，应围绕高电压平台车型、高压零部件重点开展研发与产业化，同时平衡动力电池能量密度、充电寿命、充电倍率的关系。我国现有配电负荷与电压制式适合小功率慢充，发展快速补电可作为辅助充电手段。大功率充电技术发展必须同步开展大功率充电相关标准编制工作，重点在于充电的安全性、可靠性和兼容性。未来大功率充电与小功率充电的车并存，这种情况下需要提高充电设备的功率兼容性（见图2-23）。因此，建议布局柔性智能充电技术的研发，在充电模式的拓展上考虑宽范围功率的兼容性，并保持全范围的高效性。

电动乘用车充电方式展望

关键指标	未来2~3年	未来3~5年	未来5~10年
充电时间	白天快充：30分钟（40%SOC） 夜间慢充：5~8小时	白天快充：30分钟（60%SOC） 夜间慢充：5~8小时	白天快充：15分钟（75%SOC） 夜间慢充：5~8小时
快充场景	城市公共快充站、高速路快充站、出租车专营场站	城市公共快充站（功率平衡控制）、高速路快充站、出租车专营场站	城市公共快充站、高速路快充站、出租车专营场站
充电模式	夜间慢充为主，日间快速补电为辅	夜间慢充为主，日间快速补电为辅，长途快充	夜间慢充为主，停车即充，电能交互交易，长途超级快充

图2-23 电动乘用车充电方式预测

提升充电基础设施互联互通水平，加强运营商信息化能力。加快构建和完善充电基础设施信息互联互通网络，有效解决充电用户找桩难、联通难、结算难等问题。完善电动汽车充放电计量，尤其在住宅和办公地点，通过增设电网电表或实时核减负荷有效区分电动汽车充放电负荷与一般用电负荷，为电动汽车储能参与电力系统服务提供技术条件。

2. 形成有效的车网互动机制，加快 V2G 技术推广

加快布局 V2G 关键技术研究。首先要重点突破高效智能化双向充放电技术、充放电智能互动调度技术等 V2G 关键技术，进一步降低双向充放电设备的成本；加大长寿命动力电池研发力度，推动动力电池与储能电池技术的协同发展；尽快研究出台电动汽车与智能电网融合的相关通信方式和统一标准，建立完整的通信传输体系。

积极培育 V2G 技术发展环境。首先，鼓励将电动汽车资源纳入当前需求响应、储能资源进行管理，适度降低电动汽车储能参与市场的功率容量门槛，制定电动汽车参与电力市场交易的规则，明确相关参与者在市场交易的责任和义务。其次，充分利用车辆服务商、充电运营商、负荷集成商的集聚性，对分散的电动汽车进行系统聚合管理，降低电网直接调度大量分散电动汽车的难度，促进电动汽车充放电与车辆运行之间的协同优化。第三，引导消费者参与 V2G 系统中电网调峰及电能交易活动。优化当前整车及电池按照固定年份或累计行驶里程的质保政策，将累计放电量纳入电池质保参考因素，并积极探索车电分离的运营方式。第四，通过大规模的车网互动示范项目来打开市场。

（二）构建支撑电动汽车发展的绿色能源供给体系

1. 鼓励跨区域可再生能源电力现货交易及绿色电力市场化交易

2017 年 8 月，国家电力调度控制中心、北京电力交易中心有限公司发

布关于《跨区域省间富余可再生能源电力现货试点规则（试行）》的公告。该规则要求，跨区域现货交易市场的卖方主体为送端电网内水电、风电和光伏等可再生能源发电企业。买方主体为受端电网企业、大用户、售电公司和火电企业。参与跨区域现货交易的全部为水电、风电和光伏等可再生能源发电企业，通过跨区域现货交易，充分利用通道资源和全网调节能力，提高电网整体可再生能源消纳水平。随着这一试点成功经验的推广以及全国各区域电力现货市场的逐步建立，可再生能源消纳能力将进一步提升。

2018年11月，为推进京津冀地区可再生能源市场化交易的有序开展，进一步规范可再生能源市场化交易工作，国家能源局华北监管局发布了《京津冀绿色电力市场化交易规则（试行）》（华北监能市场［2018］497号）。根据规则，准入的电力用户和可再生能源发电企业，可以通过双边协商、挂牌交易等市场化方式，对保障性收购年利用小时数以外的电量进行年度、月度交易，促进京津冀地区可再生能源一体化消纳。

跨区域富余可再生能源电力现货市场及绿色电力市场化交易目前还在试点或试行阶段，但这一发展方面明确，对于增加可再生能源电力的消纳意义重大。该政策为未来电动汽车（通过未来的充换电运营管理公司）从市场采购绿电提供了可能。

2. 推动分布式的微电网技术发展

从全网范围内的源网荷储协调发展的全局高度进行统筹协调，科学做好分布式能源微电网发展规划，充分发挥电力企业、装备制造企业、用户等市场主体的积极性，合力推动分布式能源微电网发展。综合考虑地区经济发展水平、可再生能源与分布式能源资源禀赋和开发情况，结合地区电网发展特点，合理布局建设分布式能源微电网。加快制定分布式能源微电网项目技术规范，建立健全运行管理规章制度，保障项目安全可靠运行[20]。积极利用各类可再生能源、分布式能源，通过智能电网及综合能量管理系统集成优化,形成发输(配)储用的高效一体化分布式能源系统。

目前,国内有少数示范光储充一体化充电站运行良好。分布式光伏尤其适合与充电站结合,在商业园、工业园、商用住宅等建筑屋顶上建设分布式光伏电站,产生的能量足够满足充电站的使用,独立形成一个微电网系统。电动汽车作为微电网的一部分,可以充分发挥其储能特性的优势。未来,微电网向"高比例可再生能源+储能+电动汽车+其他用能"的风光储充一体化发展,电力供需双方首先在微网层面实现平衡,然后再与大电网交互,减少了大电网平衡调节的成本,增强了电网消纳可再生能源的意愿。

(三) 健全车用氢能供应体系

1. 强化对车用氢能产业发展的引导

第一,完善氢能产业管理体系,加快推进车用氢能产业协调发展的组织机构建设,明确生产、储运、应用等环节的归口管理部门。出台国家层面的氢能产业发展规划,明确车用氢能发展路线图。结合国内外车用氢能产业发展实践,科学合理划分产业发展阶段。第二,针对各地氢能规划同质化现象,引导地方政府和企业结合本地资源禀赋优势、产业基础和自身竞争力,科学合理布局区域氢能产业,避免重复的低水平建设。鼓励模式创新,探索示范运营区内以清洁能源制氢为纽带的多能互补模式。第三,构建车用氢能供给及应用的支持措施,以及对自主技术创新、产业化技术开发、产业示范应用、产业配套体系建设等方面的支持措施等。

2. 加快制定加氢基础设施规范

为破解加氢基础设施建设瓶颈,我国需加快制定国家加氢基础设施发展规范。第一,将氢能按照能源管理而非危险化学品管理,出台车用氢能源运输及加注技术研发、应用及示范、加氢站及氢安全管理等支持政策措施。第二，为保障加氢基础设施建设和运营，建立统一、连贯的加氢站建设和运营审批政策及流程，完善相应的技术标准和管理规范，建立健全含检测、计量及售后服务保障在内的氢能技术产品标准体系。第三，聚焦加氢设施进口部件多、建设成本高、协调难度大、运营不经济等问题，制定和出台支持政策，突破一些卡脖子的技术和零部件。例如，发展高压气态与液态储运的关键氢气储运技术。提高氢能储运的效率，优化氢的分销和配送体系。

3. 提升氢能使用经济性

秉持"绿氢为目标，蓝氢为过渡，灰氢不可取"的原则，构建清洁化、低碳化的氢能供应体系。近中期，重点利用好工业副产氢和鼓励可再生能源制氢，强化能源和环境政策监管，倒逼传统制氢工艺更清洁。中远期，将化石能源制氢与碳捕捉、封存技术（CCS）结合发展；重视与可再生能源的融合，如将弃风、弃光、弃水用于电解水制氢，降低制氢成本。同时，鼓励发展具有自主知识产权的培育本土优势企业，不断推动产业链上下游企业的深度写作，形成具有国际竞争力的企业集群。

第三章

汽车与环境
协同发展

01 我国环境质量现状与变化趋势

（一）大气环境持续改善的同时，减排形势依然严峻

1）近年来我国大气环境持续改善。据中国生态环境状况公报统计数据（见图3-1、图3-2），2019年，全国地级及以上城市中，157个城市环境空气质量达标，占全部城市的46.6%，较2018年上升20.8个百分比；地级及以上城市平均优良天数比例为82%，较2018年上升2.7个百分比；2019年，地级及以上城市中重度及以上污染天数比例1.7%，比2018年降低0.5个百分比，城市平均大气环境质量持续改善。

图3-1 地级及以上城市优良天数比例　　图3-2 地级及以上城市重度污染及以上天数比例

地级及以上城市大气污染物二氧化氮（NO_2）、二氧化硫（SO_2）、一氧化碳（CO）与颗粒物（$PM_{2.5}$、PM_{10}）排放逐年下降。如图3-3所示，2019年地级及以上城市二氧化氮超标天数比率已下降至0.6%，二氧化硫、一氧化碳超标天数更是降至0.1%以下。但臭氧（O_3）污染呈加重趋势，污染物浓度从2018年的139微克/米^{3}升高到2019年的148微克/米^3，超标

天数也由 2018 年的 5.3% 上升至 2019 年的 7.6%。此外，我国 $PM_{2.5}$ 排放水平与世界卫生组织要求相差甚远，减排工作仍任重道远（见图 3-4）。

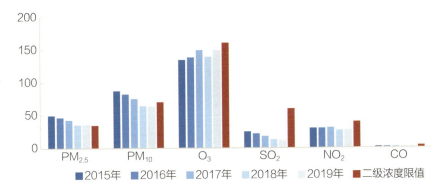

图 3-3　全国地级及以上城市大气污染物平均浓度年际变化与限制浓度

注：1. 数据来源于 2015—2019《中国生态环境状况公报》、环保部《环境空气质量标准》。
　　2. 图中一氧化碳和 O_3 未公布年平均浓度限值，图中数据为日平均浓度限值，范围偏大。其中一氧化碳浓度单位为毫克/米³，其余污染物浓度单位均为微克/米³。

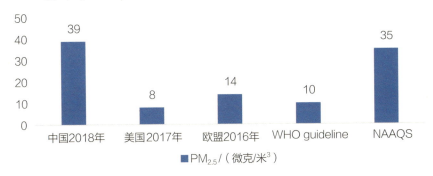

图 3-4　中国、美国、欧洲 $PM_{2.5}$ 平均浓度比较

2）中国温室气体减排工作成效显著，实现国际承诺仍需努力。 中国政府承诺力争于 2030 年前二氧化碳排放达到峰值，努力争取 2060 年前实现碳中和。同时到 2030 年，较 2005 年碳强度（单位国内生产总值碳排放，以 2005 年不变价计）减少 60%～65%。截至 2018 年底，中国碳强度降幅

已达到45.8%，2020年碳强度下降40%~45%的目标提前实现[21]。而中国进入经济新常态，碳排放总量依然保持缓慢增长的势头。因此，在保持经济稳定增长的基础上，实现2030年后碳排放总量下降目标，还需各领域持续推动节能减排建设。

（二）交通部门是环境治理的重点

尽管当前汽车排放量得到了有效控制，但其仍然是环境污染，尤其是城市环境污染的重要贡献来源。2017年的城市$PM_{2.5}$来源解析表明，北京、上海、杭州、广州和深圳的移动源排放（汽车）为首要来源（见图3-5），占比分别达到45.0%、29.2%、28.0%、21.7%和52.1%；南京、武汉、长沙和宁波的移动源排放为第二大污染源；石家庄、保定、衡水和天津移动源排放在各类污染源的分担率中排第三或第四位。

图3-5 本地排放源中移动源对细颗粒物的贡献（%）

1）**汽车排放的大气污染物显著影响城市环境空气质量和人群健康**。首先，汽车尾气直接排放的污染物，如一氧化碳、氮氧化物、$PM_{2.5}$和挥发性有机物（Volatile Organic Componds，VOC）等，在道路边积累浓度较高。其次，内燃机排放的VOC和氮氧化物经过复杂的大气化学反应生成二次污染物，如臭氧和二次$PM_{2.5}$，在大气稳定度高的条件下，容易形成区域的大气污染,产生危害居民健康、降低大气能见度和影响农作物生长等不利影响。频繁发生的持续性灰霾天气正是污染物排放和气候特征的综合作用结果。由于机动车大多行驶在人口密集区域,尾气排放直接威胁群众健康,可见,机动车的污染物控制对城市人口密集地区有重要意义。

2)货车保有量比例低,但排放贡献大,是汽车减排的首要着力点。截至 2019 年底,全国民用载货汽车保有量 2791.1 万辆,只占汽车总保有量的 11%,但是温室气体和污染物排放高。2019 年,全国各类货车合计排放一氧化碳 205.7 万吨,碳氢化合物 45 万吨,氮氧化物 519.6 万吨,颗粒物(PM)6.2 万吨,分别占到汽车排放总量的 29.7%、26.3%、83.5% 和 90.1% 以上(见图 3-6),可见,货车是氮氧化物和颗粒物污染的主要移动排放源。因而,改善以物流车为代表的货车污染物排放,推动其电动化,成为打赢蓝天保卫战的重要方向。

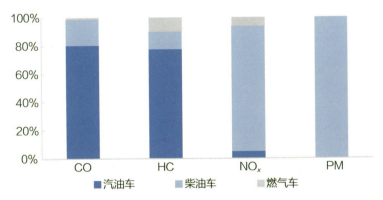

图 3-6 2019 年不同燃料类型汽车污染物排放量分担率

注:数据来源于《中国机动车环境管理年报 2020》。

3)交通部门碳排放贡献比例逐年上升,汽车保有量的迅速增加也将导致温室气体排放的增加。据国际能源署(International Energy Agency,IEA)研究表明,我国 2018 年交通部门排放的二氧化碳约为 9.25 亿吨,占当年全国排放总量的 9.6%;在机动车保有总量持续增长的假设情景下,2030

年二氧化碳排放总量将上升到 20 亿吨，占比增至 20%（见图 3-7）。同样地，有针对北京市二氧化碳源解析的研究指出，机动车排放是地区二氧化碳的主要贡献源。因此，提高车辆能效和推广新能源车是中国应对全球气候变化的重要举措之一。

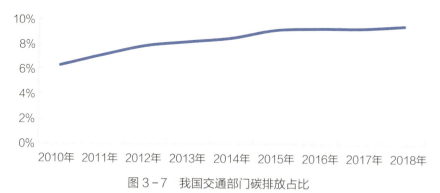

图 3-7　我国交通部门碳排放占比

注：资料来源于 wind、IEA。

02　协同发展的效益与潜力

（一）电力清洁化、低碳化转型，电动汽车减排效益凸显

为了控制交通领域温室气体排放和改善城市空气质量，我国政府实施了加严新车排放标准、改善燃油品质、淘汰老旧车辆、燃油车辆限行、限购等一系列措施。在技术层面包括两个技术方向，一个是传统内燃机汽车节能减排技术，包括增压和小型化、混合动力、汽油机分层稀燃、整车轻量化等技术；另一个是替代能源技术，尤其是以电力、氢能为代表的非化石燃料。在众多的技术路径中，电动汽车因其在可使用阶段摆脱对石油的依赖和大幅削减温室气体和空气污染物排放，得到了包括我国政府在内的全球关注。

1）**火电污染物控制全面趋严，电力系统污染物排放显著降低**。随着

2011 年火电厂大气污染物排放标准（GB 13223—2011）以及 2014 年超低排放要求的实施，国内火电厂排放的二氧化硫、氮氧化物和烟尘等大气污染物得到全面控制。截至 2017 年，全国已投运脱硫、脱硝煤电机组分别占全国煤电机组容量的 95.8%、98.4%[22]。截至 2019 年底，达到超低排放限值的煤电机组约占全国煤电总装机容量 86%[3]，电力系统烟尘、二氧化硫、氮氧化物排放总量分别约为 18 万吨、89 万吨、93 万吨，分别比 2018 年下降约为 12.2%、9.7%、3.1%；每千瓦·时火电发电量烟尘、二氧化硫、氮氧化物排放量约为 0.038 克、0.187 克、0.195 克，分别比 2015 年下降 0.052 克、0.283 克、0.235 克（见图 3-8）。随着 2020 年，燃煤机组全面实施超低排放，未来火电污染物排放还将有进一步下降空间。

图 3-8　历年全国火电污染物度电排放［克/（千瓦·时）］

数据来源：中国电力企业联合会《中国电力行业年度发展报告2020》。

2) **煤耗显著下降，电力系统低碳效益明显**。2019 年，全国 6000 千瓦及以上火电厂平均供电标准煤耗 306.4 克/（千瓦·时），比上年降低 1.2 克/（千瓦·时）（见图 3-9），煤电机组供电煤耗继续保持世界先进；2019 年，全国单位火电发电量二氧化碳排放约为 838 克/（千瓦·时），比 2005 年下降 19.7%；单位发电二氧化碳排放约为 577 克/（千瓦·时），比 2005 年下降 31.9%[3]（见图 3-10）。以 2005 年为基准年，2006—2019 年，通过发展非化石能源、降低供电煤耗和线损率等措施，电力行业累计减少二氧化碳排放约 159.4 亿吨。其中，供电煤耗降低对电力行业二氧化碳减排贡献率为37%，非化石能源发展贡献率为61%。

图3-9 中国火电煤耗率变化

注：数据来源 wind。

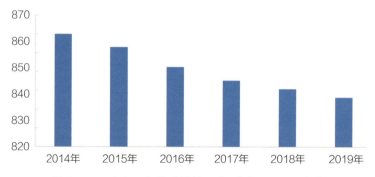

图3-10 火电二氧化碳排放强度 [克/(千瓦·时)]

数据来源：中国电力企业联合会《中国电力行业年度发展报告2020》。

3) **电动汽车减排效益有赖于电力污染物排放及行驶电耗的控制**。评估电动汽车全生命周期的环境效益，可以拆分为燃料周期与材料周期两个阶段。根据中国汽车生命周期排放评价研究工作组[23]测算，得益于我国电力系统节能减排工作的推进，纯电动汽车在温室气体、VOC 和氮氧化物减排上效果明显，但是由于燃料上游燃煤发电与电池材料制造过程的排放，$PM_{2.5}$和二氧化硫的减排能力有限（见图3-11）。未来，随着电力结构持续清洁、低碳化转型，叠加汽车能耗持续改进，纯电动汽车全生命周期温室气体、大气污染物减排优势将更加突出。

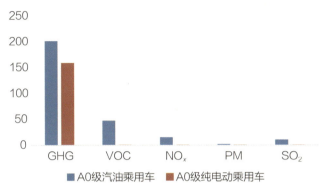

图 3-11　2019 年 A0 级纯电动乘用车与燃油汽车的温室气体、大气污染物排放[23]

注：GHG 单位为克/千米，VOC、NO_x、PM 和 SO_2 的单位为克/100 千米。

（二）现阶段电动汽车材料周期排放高，终端能源转型是减排关键

1）**现阶段动力蓄电池材料能耗高，使电动汽车制造环节排放显著高于燃油汽车**。动力蓄电池的主要成分铝、碳酸锂和石墨均为高耗能材料（超过 150 兆焦耳/千克坯料），而车身材料质量占比较高的钢铁、塑料、橡胶和玻璃等则能耗较低（低于 40 兆焦耳/千克坯料）。因而，电动汽车动力蓄电池和电机的引入，将纯电动汽车材料周期的能耗显著高于燃油汽车[24]，从而产生更高的温室气体及污染物单车排放，其中纯电动汽车动力蓄电池作为单一零部件的温室气体与大气污染物（除 VOC），排放贡献率达到材料周期能耗的 50% 左右[25]。

2）**随着动力蓄电池能量密度提升及电力结构转型，纯电动车辆材料周期将有更大幅度的减排**。由于电池技术升级预期，电池能量密度显著提升，电池系统减重，材料周期化石能耗有望持续下降。同时，材料基础工业节能

技术、能源加工效率和材料再生率的提升，带来了电池单体制备、外壳制取和电池制造过程的能耗削减，其中外壳铝材料的节能潜力相对更大，使纯电动汽车节能减排速度明显高于燃油汽车，显著促进纯电动车生命周期排放削减效果[24]。

03_ 协同发展面临的问题

（一）过度追求续驶里程，车辆大型化使减排放缓

1）车辆大型化趋势导致能耗、排放下降缓慢。如图3-12所示，纯电动车中SUV车型的销售占比已经从2016年6月的3%升至2019年6月的30%^㊀。从车辆级别来看，纯电动车销售份额从A00级为主，转向以A级车为主，插电混动B级车2019年6月销量占比亦快速增加，达到47%（见图3-13）。车辆大型化势必增加单车动力电池装机容量，并增加百千米能耗及排放。

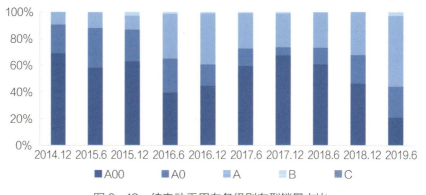

图3-12 纯电动乘用车各级别车型销量占比

㊀ 数据来源：乘用车市场信息联席会发布数据。

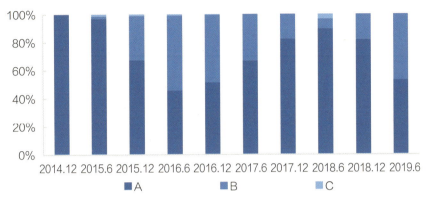

图 3-13　插电混动乘用车各级别车型销量占比

2）**新能源汽车补贴政策和双积分政策，都显示出对长距离续驶里程和高电池能量密度的纯电动车型偏好**。在电池技术没有太大突破的前提条件下，电池容量的增加导致了车载电池重量上升和能耗恶化，同时车载高容量电池及追求高能量密度带来的不合理轻量化也导致了车辆安全与环境问题。基于我国百万辆新能源汽车的实际运行规律，电动汽车与传统车的出行规律基本一致，均已通勤短途出行为主，其中，新能源私家车、公务车和出租车的日均行驶里程分别为 37 千米、55 千米和 202 千米，尤其是面大量广的私家车仅有 20% 的日出行里程高于 50 千米（见图 3-14）。因此，对于日出行里程偏短的中国，是否需要过分追求 300 千米以上的续驶里程，是一个需要考虑的问题。

（二）新能源汽车经济性有待改进

1. 动力蓄电池是纯电动汽车成本下降的关键

受制于电池成本，现阶段电动汽车全生命周期经济性不足。新能源汽车最大的成本在"三电系统"（电池、电机、电控），其中动力蓄电池成本占比最大，根据行业估算，纯电动汽车动力系统成本约占总成本的 50%，

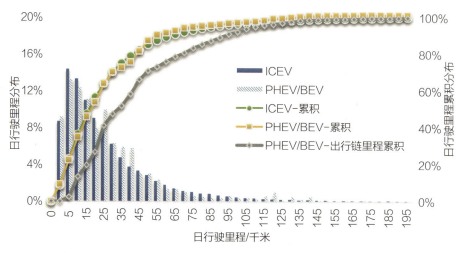

图3-14 电动汽车日行驶里程分布[26]

而动力电池成本占比约为30%~40%[27]，传统燃油车中内燃机的成本仅占到车辆总成本的15%[24]，纯电动汽车相对于燃油汽车售价的增加主要来自于电池成本。动力电池成本下降有多种路径，如降低材料成本、提升产品良品率、规模效应等，在动力电池成本中，材料成本占74%，其中，正极材料成本约占材料成本的42%。此外，电机成本下降幅度有限，主要是受到材料成本的影响；电机控制器存在一定下降空间，主要来源于IGBT国产化带来的成本下降。IGBT模块作为核心高压控制开关组件，其成本占据电机控制器成本的44.4%。但目前国内70%以上的IGBT器件市场，尤其是高端高功率半导体依然主要被美日企业占据。预计随着国产化率的提升，电机控制器存在20%的下降空间。

2. 纯电动汽车全生命周期经济性有望在未来3~5年实现

纯电动汽车全生命周期经济性预计2023~2025年即可实现，直接成本有望在2030年到2035年之间实现经济性。目前，新能源汽车与传统汽车在成本上仍旧存在差距。

仅考虑基于车辆及设备制造成本变化带来的车辆直接成本，纯电动汽车有望在 2030 到 2035 年之间实现经济性超越。但由于纯电动汽车使用电力作为动力来源，补能成本低廉，还具有"三电系统"构成相对简单、维修保养成本低的优点，纯电动汽车在使用成本中具有明显优势，在 2023—2025 年间即可实现经济性超越。不过，多数新能源车企的售后服务依然沿用原有体系或处于新体系建设过程中，新能源汽车售后服务不完善，维护处理周期长，缺乏相应售后技术维修人员[28]等问题暴露较为集中。

3. 氢燃料电池汽车发展尚处于早期阶段，燃料电池与基础建设需同步发力

1) 氢燃料电池汽车起步晚于纯电动汽车，燃料电池降本空间可观，经济性优势或将在 2030 年明显体现。 现阶段，氢燃料电池汽车的发展仍较依赖于政府的补贴和政策的支持。未来的 20~30 年，随着质子交换膜燃料电池的技术突破与规模效应带来的成本下降，氢燃料商用车特别是重型货车的市场化进程将加快[29]。

商用车用燃料电池系统与储氢系统的价格，随着生产规模的扩大可大幅降低。目前商用车用燃料电池系统的价格（系统生产商供应给车企的销售价格/车企自主生产的对外报价，含研发调试、人员费用等运营成本），国内行业平均水平现状约 1 万元/千瓦，商用车用储氢系统的价格（包含储氢瓶、阀门、传感器及管道等，厂商对外销售价格），国内行业平均水平现状约 5000 元/千克，如图 3-15 所示。未来随着氢燃料电池汽车应用的范围与规模扩大，核心零部件及系统价格的规模效应逐步显现，商用车用燃料电池系统的价格至 2025 年、2035 年、2050 年分别降至 3500 元/千瓦、1000 元/千瓦、500 元/千瓦，商用车用储氢系统的价格至 2025 年、2035 年、2050 年分别降至 3500 元/千克、2000 元/千克、1200 元/千克。

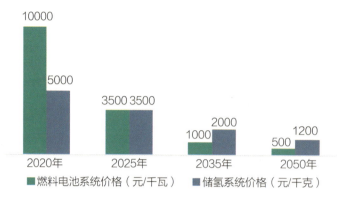

图 3-15　商用车用燃料电池系统与储氢系统的价格下降

资料来源：《中国氢能产业发展报告 2020》。

对于载货能力≥35 吨的重型货车，在城际干线或支线物流等长距离运输场景（续驶里程≥500 千米）下，氢燃料电池重型货车的全生命周期经济性将在 2030 年左右超过纯电动车型。从消费者角度看，氢燃料电池重型货车的每千米总成本 2025 年将降低至 5.60 元/千米，相比 2020 年的降幅达到 43.3%，到 2035 年、2050 年分别降到 3.21 元/千米、1.94 元/千米。由于氢燃料电池重型货车的每千米总成本结构中，能源使用成本占比 60% 以上，2030 年后，氢能产业规模扩大，氢气销售价格低于 40 元/千克，且重型货车的氢耗水平也有了显著的下降，至 8 千克/100 千米以下，此时，能源使用成本降低，氢燃料电池重型货车的总成本具备与纯电动重型货车相当或更优的经济性，如图 3-16 所示。

总体来说，在中国，氢燃料电池汽车成本下降的主要途径是扩大量产规模。对于企业而言，一是通过提高膜电极组件等关键零部件的采购量，缩减单位采购价格；二是提高生产线自动化水平，降低人工成本；三是提高生产设备的产能利用率，如自动堆叠设备等；四是利用规模化生产的经验，寻求轻量化、低成本的替代方案，降低安全设计冗余，有效减少原材料使用量，从而降低成本。

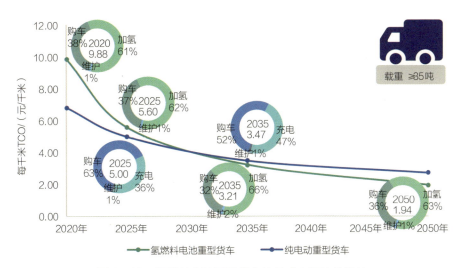

图 3-16　氢燃料电池重型货车的总成本经济性趋势

资料来源：《中国氢能产业发展报告 2020》。

2）基础设施是氢燃料电池汽车产业链发展的关键环节，有待集中突破[6]。当前国内燃料电池产业链企业主要分布在燃料电池零部件及应用环节，氢能储运及加氢基础设施发展薄弱，成为"卡脖子"环节。

（三）动力蓄电池回收处理体系不完善

当前，我国动力蓄电池回收利用率较低。高工产研（GGII）统计 2018 年我国动力蓄电池回收量仅占报废动力蓄电池总量的 7.4%。2018 年动力蓄电池回收总量中用于梯次利用的电池量为 2460 吨，回收拆解的电池量为 10.93 万吨。目前，我国电池回收利用的法律法规尚不完善，回收利用体系尚不健全，同时回收利用的技术水平也有待提高。近年来，我国先后出台了《电动汽车动力蓄电池回收利用技术政策》《新能源汽车废旧动力蓄电池综合利用行业规范条件》《新能源汽车废旧动力蓄电池综合利用行业规范公告管理暂行办法》等多项政策文件。但是，上述政策未能得到有效落实，存在下列的困难和挑战。

一是回收利用体系尚未形成。目前绝大部分高能量密度动力蓄电池仍在投入使用，电池生产、汽车生产、回收利用企业之间尚未建立起完善有效的合作机制，彼此之间的成本投入、权责划分、运营模式等关键问题尚未在实践中得到充分的验证和完善，同时行业较高的热度吸引了部分并不规范的投机者，加剧了行业的无序竞争。

二是激励政策措施保障少。目前受限于回收利用的技术水平和规模制约，行业内的相关公司运营经济性较差，影响了行业内公司主动开展回收和利用相关投入的积极性。

三是动力蓄电池回收和利用的相关技术和工艺水平有待提高。按动力蓄电池的生命周期来看，动力蓄电池的生产环节中的生态设计问题、使用环节中的回收时点提示算法、梯次利用中的创新技术以及再生利用中的金属高效提取等关键技术环节有待创新和突破。

（四） 新能源物流车实际推广运营问题较多

截至 2019 年底，新能源物流车保有量已占新能源汽车保有量比例的 10.68%[一]，根据《物流时代周刊》发起的制约新能源物流车发展难题的调查结果显示（见图 3–17），充电不便利、时间长、价格高等原因占比达到 27%；电池寿命短占比达到 22%，没有道路通行权和维修保养服务不健全各占 12%，产品质量参差不齐占 11%。

1）经营经济性的缺乏直接影响新能源物流车的推广。由于新能源物流车购置资金和运维压力大，车辆贬值与处置风险高等原因，我国新能源物流车的商业模式主要以整车租赁模式为主。2019 年随着补贴力度大幅退坡，

[一] 根据乘用车市场信息联席会新能源物流车销量数据及公安部机动车保有量数据计算得到。

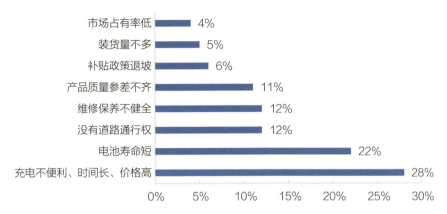

图 3-17 新能源物流车发展制约因素民意调查结果

注：数据来源于《物流时代周刊》。

用户购买意愿随之下降，电动物流车销量为 6.2 万辆，同比下降 42.59%[①]。同时，由于非私人购买及作业类专用车，申请补贴有 2 万千米运营里程要求，导致生产企业垫资压力大，补贴申请和最终拨付周期较长，影响业务开展的积极性，存在有订单不敢生产现象。在运营成本方面，根据地上铁租车（深圳）有限公司测算，当充电费用低于 1.5 元/（千瓦·时）时，新能源物流车才能盈利。

2）**新能源物流车路权开放不充分**。为控制燃油货车的环境污染问题，多数城市采取申请和发放通行证的形式进行管理，因此，物流配送车"通行难"在大多数城市中表现十分突出。然而，许多城市管理新能源物流车也依照此办法，导致新购电动物流车难以获得经营许可证，且没有优先路权。路权优势是当前电动物流车在终端被接受的重要决定因素，按照公安部 2018 年 10 月发布的《关于进一步规范和优化城市配送车辆通行管理的通知》，推广新能源车辆落实新能源货车差别化通行管理政策，提供通行便利，扩大通行范围，对纯电动轻型货车少限行甚至不限行。深圳、成都、

---

① 根据卡车之家数据计算得到。

武汉、西安、重庆等代表性城市对电动物流车配送车辆（见图3-18）制定了便利通行政策，以提高物流和快递企业使用电动物流车的积极性。但"通行难"的问题依然存在，政策落实仍有很长的路要走。

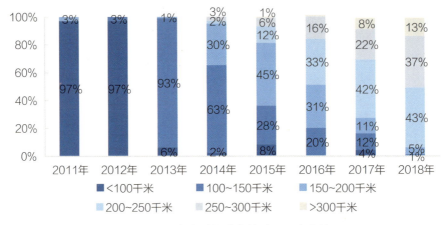

图3-18 历年电动物流车续驶里程变化情况

注：数据来源于《2018年电动物流车市场发展回顾与展望》。

3) **新能源物流车车型与性能难以满足市场需求。** 城市配送货品的多样性、终端的广域性和配送需求的个性化决定了配送作业的复杂性，以及对车型多样性的需求。目前市场供给车型较为单一，以客厢类封闭货车和货厢类厢式运输车为主。此外，持续运营的新能源货车动力电池技术能力不足、电池自重过大、充电难的问题凸显。即便是仅定位于城市配送的新能源货车也只能在微型载客车和轻型货车等类型物流车上有所作为，由于续驶里程较短，主要以200~300千米为主，载货量及运输效率更难望燃料货车项背。

04_ 协同发展路径

(一)着力推动轻量化,关注续驶里程合理发展

着力推动新能源汽车轻量化,严控车辆能耗。据能源与交通创新中心研究表明,汽车整备质量每降低100千克,燃料消耗量将下降0.4~0.6升/100千米[30],换算到纯电动汽车,整备质量每降低100千克,电耗约将下降0.8~1.2(千瓦·时)/千米。应着力推动新能源汽车"三电系统"轻量化,如通过提升单体电池能量密度、采用轻型电池包壳体材料、优化成组方式等推动电池系统减重,并通过结构精简、系统合并等实现电机系统轻量化。

关注电动汽车能效与续驶里程合理发展。根据《上海市新能源汽车产业大数据研究报告(2018)》的数据显示,北京、上海、成都、武汉、石家庄、临沂等6城市,仅有不到12%的消费者拒绝购买纯电动汽车[31],可见现有电动汽车续驶里程足以满足消费者的出行需求。在新能源汽车相关鼓励政策中,应体现起满足消费者日常出行需要的基本实情,避免过度追求长续驶里程,造成资源浪费和能耗排放增加。

(二)规划全面电动化路径,推进交通移动源纳入碳交易工作

政府可主导的公共营运性车辆可推动电动化,如城市公交、出租及分时租赁、环卫、邮政、公务车等。技术成熟度要求较高及市场主导型车型次之,如私家车。中重型经济营运性货车可待技术成熟且成本有竞争力的情况下再大力施行。由于区域经济、产业、政策及消费者认知等方面的差

异性，建议电动化实施从城市试点开始，由点及面，中大型城市、重点区域省会、污染严重的区域城市可率先进行电动化。在落后区域及农村地区可以鼓励小型、低速、低成本电动汽车的推广，同时也需要落实相关的安全标准。

注重推广交通运输碳资产管理理念，建立行业碳减排激励机制，建立交通运输碳账户与交易制度。研究发布交通运输业碳排放核查方法体系，完善车辆减排效果的评估机制[32]，建立完整的交通碳排放核查分配机制。探索把燃料供应企业、汽车制造企业、汽车使用者作为碳排放的受控主体，将上游、中游、下游三种道路交通碳排放权交易机制融为一体，建立政府企业居民协同共治的道路交通碳排放权交易机制。

（三）完善电池回收利用体系，建立产业链闭环

重视电池全生命周期管控，建立动力蓄电池产业链生产—销售—回收拆解—材料再生产的闭环。鼓励动力蓄电池在可再生能源发电占比较高的区域进行生产，推动材料周期排放绿色化。大范围推广电动汽车带来了动力蓄电池产业链的资源压力与能效压力，同时我国也即将迎来动力蓄电池退役潮，完善动力蓄电池回收利用体系不仅能回收镍、钴、锂等有价金属，在一定程度规避上游原材料稀缺和价格波动风险，而且有利于避免对环境有害的粗放式处理。因此，从产品设计、制造工艺、装备等方面考虑梯次利用和回收再利用，在拆解回收、退役动力蓄电池性能评价方面进行技术研究，并展开对蓄电池等零部件回收的风险评估和风险应急响应机制建设的研究。

加强回收利用信息化平台及网络建设，明确回收主体责任。统筹建立全国车用动力蓄电池管理信息系统，搭建溯源编码管理化信息监管平台，

建立新能源汽车与动力蓄电池编码的对应关系及变动登记机制，实现对新能源汽车生产企业、动力蓄电池生产企业、售后维修企业和回收再利用企业统一管理。深入细化动力蓄电池管控国家标准、行业标准，扩大标准范围至动力蓄电池设计生产、编码溯源、回收、运输与贮存、梯级利用及再生利用等环节，明确各环节废旧动力蓄电池的回收利用主体责任，落实生产者责任延伸制度。

（四）激励新能源物流车推广，推动运营模式良性发展

1. 强化激励政策，探索低成本可持续运营模式

明确运营奖励指标，提供物流车专属号牌，设置绿色物流区。主流新能源物流车商业运营模式主要为购买、租赁、运力服务和平台型[33]，各类商业模式虽具有不同的特点和应用场景，但整体成熟性不足，缺乏可持续性，要求政策推动围绕"降本""增效"的创新运营模式，通过提供通行便利、解决运营资质、免费停车等激励措施以提高新能源物流车易用性，减小通行和停靠成本，并落实地方政府对物流企业和运营企业实施一定期限的税收优惠政策，降低其经营成本。积极鼓励新能源物流车创新商业运营模式，如针对新能源物流车在补贴退坡后购置成本较高，引导企业通过探索车电分离模式降低车辆购置成本，统一物流企业或租赁运营商车队的电池标准，在物流车领域开展动力蓄电池资产管理运营模式。

2. 明确发展结构，促进车型创新，切合市场需求

因地制宜制定合适的物流领域电动化推广策略，明确发展结构。充分考虑城市经济发展状况、实际应用要求、自然环境、资源禀赋特点，以及新能源物流车的技术成熟度、经济性、安全性等因素，按照不停的时间节点、不同的应用场景，制定合理的推广策略，分阶段、分车型、分领域稳

步有序推进物流领域电动化替代。鼓励多种路线技术及新技术应用，推动市场化选择纯电动、插电式（含增程式）和燃料电池多元化技术路线，满足物流车不同配送距离对车辆性能的需求，支撑产业良性发展。

着力鼓励生产企业开发市场需要的车型。鼓励新能源物流车生产企业积极采用正向开发、逆向开发等不同的产品开发策略，开发适宜车型，提升产品供给。推动生产企业进一步加强与物流企业、租赁运营企业的合作，充分利用运营商车辆运营监测数据和场景数据，结合车联网等技术手段，共同开发定制化车型。

3. 完善专属配套服务设施，落实解决物流车运行问题

完善物流车专用充电设施网络体系。充电设施建设难和充电体系不完善成为新能源物流车持续使用的重大障碍，鼓励地方制定城市物流车充电设施专项规划和用地规划，合理规划布局充电网络，以专用充电站集中充电为主，分散式专用快充桩为辅。重点推动物流集散地集中充电桩建设。

加快落实通行便利政策。区别于传统燃油车，制定新能源物流车专属经营许可证获取规则，明确针对性监管办法及界限，落实新能源货车差别化通行管理政策标准，对新能源物流车上牌、停车、通行牌照等路权给予支持性便利。依托已开放路权城市成功经验，加快推动地方政府优化完善物流配送体系，研究城市物流配送领域新能源物流车通行便利政策，促进更多地区开放新能源物流车路权，在条件合适的城区对新能源物流车实行全天候（或固定时段）、全路段通行。建立新能源物流车分类管理机制，积极推动落实新能源物流车停靠优惠政策，进一步降低新能源物流车通行停靠成本。

第四章

汽车与通信
协同发展

全球范围内以车联网、人工智能等为代表的信息通信技术正加速与行业结合，推动着汽车行业的数字化、网络化和智能化转型。随着 5G 等基础设施加速构建，数以万亿计的新设备将接入网络并产生海量数据，人工智能、边缘计算等新技术加速与智能网联汽车结合，车联网迎来跨界融合、集成创新和规模化发展的新阶段。

01_ 协同发展的演进

车联网是借助新一代信息通信技术，实现车与 X（即车与车、人、路、服务平台）的全方位网络连接，以提升车辆整体智能驾驶水平[34]。目前，国际主流的车联网通信技术有专用短距离通信技术（DSRC）和蜂窝通信技术（C‑V2X）两种。DSRC 是由美国 IEEE 主导的相关技术标准，在美国、日本、欧洲都进行了相关的应用示范。中国主要采用 C‑V2X 通信技术，包括直连通信口（PC5）和远程通信口（Uu）两种通信方式。C‑V2X 通信标准由 3GPP 进行制定，中国的华为、大唐等为相关工作级的主要参与方之一，未来会由 LTE‑V2X 向 5G‑V2X 演进。

智能网联汽车是智慧交通的重要组成部分，将逐步走向"车‑路‑云‑网"协同发展，简称车路协同（见图 4‑1）。车路协同跨行业、跨领域属性突出：一是需要车端动态感知周围环境信息，并做出实时决策；二是需要路端感知交通环境静态、动态信息，并形成路侧决策；三是需要云控基础平台支持全局信息存储与共享，以及业务流的互联互通[35]。关于车路协同的路侧基础设施与云控基础平台，本书在汽车与交通协同部分进行详细阐述。而车联网可实现车车通信、车路通信、车云通信等 V2X 通信，是支撑车路协同发展的重要基础。通信与汽车的协同发展将在本章进行分析。

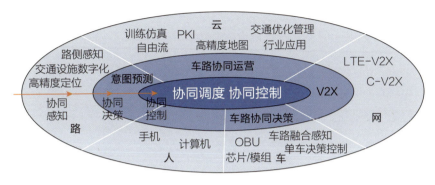

图 4-1 车路协同关键技术

注：根据 2019 年世界未来出行大会华为公司代表发言整理。

（一）车联网通信产业持续升级

1. T-BOX 装配率不断提升，OBU 即将前装量产

T-BOX 具备数据采集、存储、传输等功能，用于实时监控上传车辆故障信息、导航定位等，具备蜂窝通信类、Wi-Fi、蓝牙等通信能力。目前，我国 T-BOX 产业已经成熟，2019 年 1—4 月，我国乘用车 T-BOX 前装装配量为 225 万套，同比增长 28.9%。根据工信部《新能源汽车生产企业及产品准入管理规定》，自 2017 年 1 月 1 日起对新生产的新能源车全部安装车载控制单元，新能源汽车 T-BOX 前装率将得到大幅提升。根据佐思汽研预测，到 2023 年国内乘用车 T-BOX 前装装配量将达到 1416 万套，T-BOX 前装渗透率将大幅提升（见图 4-2）。

目前，融合 LTE-V2X 的直连通信芯片的新一代车联网终端产品研发基本成熟，相关车载单元（On Board Unit，OBU）、路侧单元（Road Side Unit，RSU）等终端产品已具备商用状态。在 2018 上海世界移动大会期间，华为发布了首款的商用 C-V2X 解决方案 RSU，该产品支持 Uu+PC5 并发，率先支持 Uu 及 PC5 接口通信加密。另外，大唐电信集团的 RSU

图 4-2　中国乘用车 T-BOX 前装装配量[36]

(DTVL3000-RSU) 和 OBU 产品 (DTVL3000-OBU) 已经在上海、重庆等示范区部署，为支持 LTE-V2X 道路设施智能化部署和车辆网联落地打下坚实基础。此外，2019 年 4 月，上汽、一汽、东风等 13 家车企共同发布 C-V2X 商用路标：2020 年启动量产 C-V2X 汽车，推动我国继续提升 C-V2X 装车率。

2. 5G 已进入商用部署阶段，为高级车联网应用奠定通信基础

5G 网络性能与边缘计算 (Multi-access Edge Computing, MEC) 能力有助于车联网应用向更丰富和更复杂的方向演进。

目前，我国 5G 产业已实现频率、芯片、终端、运营商等核心要素的配备，自 2019 年起，正式进入 5G 商用化元年[37]。5G 商用初期，5G 网络设备投资带来的设备制造商收入将成为主要经济产出（见图 4-3），5G 低时延、高可靠性等技术特性将拉动元器件、芯片、终端、系统设备等技术产业的进步升级，随着 5G 商用进程的深入，信息服务收入将出现快速增长。此外，截至 2019 年 5 月，全球共 28 家企业声明了 5G 标准必要专利，我国企业声明数量占比超过 30%，位居全球第一，有望实现 5G 产业引领。

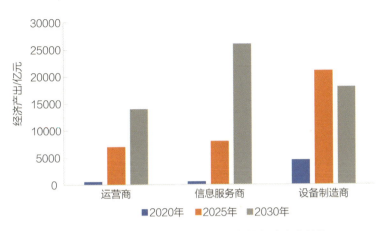

图 4-3　2020—2030 年我国 5G 直接经济产出结构

数据来源：中国信息通信研究院。

2019 年 6 月，工信部向中国电信、中国移动、中国联通和中国广电发放 5G 商用牌照后，各运营商是积极推进 5G 网络的建设和部署[38]。根据中国信息通信研究院的统计，截至 2019 年底，我国已经完成了 13 万个 5G 基站建设，5G 套餐签约用户预计近 300 万。根据中国信息通信研究院预测（见图 4-4），到 2020 年，中国 5G 用户将超过 1 亿人次，到 2024 年，实现 5G 用户 8 倍增长，用户数将接近 8 亿人次。

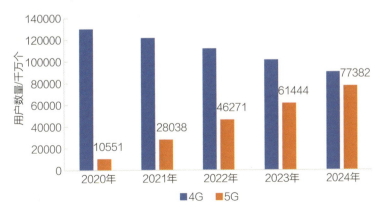

图 4-4　我国移动用户数量预测

数据来源：中国信息通信研究院。

(二) 车联网应用将由辅助驾驶向自动驾驶发展

如图4-5所示,车联网应用的演进分为三个典型阶段:第一个阶段是车载信息服务阶段,基于2G/3G等蜂窝远程通信技术,面向公众提供车载信息服务娱乐、车载导航、呼叫救援等业务;第二个阶段是多方参与的智能网联辅助驾驶服务阶段,引入DSRC或LTE-V2X直连通信技术,通过V2V、V2I等网联信息共享,可向驾驶员提供辅助驾驶功能,如碰撞预警、自动紧急制动(Autonomous Emergency Braking,AEB)等;最后是支持L3级以上高级自动驾驶阶段,随着通信技术进步,5G-V2X将支持车辆编队行驶、远程控制和传感器信息共享等时间敏感、可靠度要求更高的协同服务。

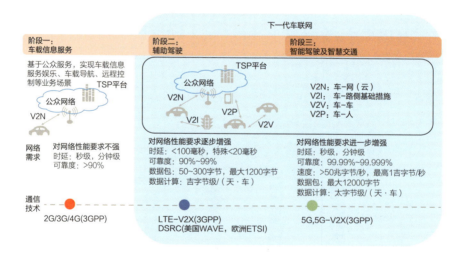

图4-5 车联网应用的发展[39]

1. 早期车联网应用多为交通信息类应用

最初汽车的网联功能较为初级,多用于实现紧急呼救、远程诊断以及嵌入式应用。如通用汽车公司于1996年量产了全球第一款网联汽车"凯迪拉克DeVille",装配OnStar网联服务,如果发生碰撞,汽车可通过蜂窝网络自动向 OnStar 呼叫中心发送有关车辆状况和全球定位系统（Global Positioning System，GPS）位置的信息。

2. 车联网应用将由辅助驾驶向自动驾驶发展

随着技术发展和产业成熟度提高，车联网将可以实现向驾驶员提供预警辅助驾驶信息，或进一步控制车辆的制动，实现 AEB 等高级辅助功能。欧洲根据技术发展现状与道路交通需求，将能最先落地的智能交通系统（Intelligent Traffic System，ITS）的应用服务定义为"第一天服务（Day 1 Service）"（见图 4-6）。通过车联网模块接受路侧或其他车辆发送的相关信息，提示驾驶员采取必要的措施，避免交通事故的发生及保持道路畅通。目前，中南部救护车服务 NHS 基金会信托（SCAS）与福特、捷豹路虎、塔塔欧洲技术中心联合探索的应急车辆接近警示系统已通过了第二阶段测试验证，当其他互联车辆靠近时，该系统会向驾驶员发送通知，并采取制动操作，避免碰撞事故发生[40]。

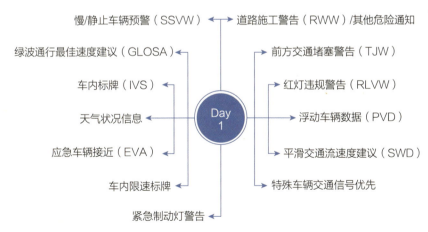

图 4-6　欧洲 C-ITS "第一天服务" 辅助驾驶项目

此外，随着 5G、大数据 MEC 等技术的发展，车联网的应用也将向更丰富和更高级的方向演进。目前，国内外不同企业通过跨领域合作就车联网多种典型应用进行了验证试验和商业模式探索。典型应用有如下几种：

① 远程驾驶：2018 年 8 月，踏歌智行联合中国移动、华为在包头的白云鄂博稀土矿区开展了智慧矿山网联自动驾驶应用示范[41]。驾驶员根据模拟驾驶舱环境及传感信息进行分析判断，通过 5G 网络将决策结果传输到车辆内部以实现远程操控。

② 自主代客泊车：依托 5G 实现车辆高精度定位，通过全面感知车辆周围环境，将感知信息实时传输到远程控制端，并通过后台进行远程操作。戴姆勒和博世联手打造的"自动代客泊车测试服务"，由戴姆勒提供汽车及相关技术，博世负责梅赛德斯 - 奔驰博物馆停车场的智能化改造[42]，现已于 2019 年 7 月获得地方政府特殊许可，未来将投入使用。

③ 车队编队行驶：2019 年 11 月，由上汽集团、上港集团、中国移动合力打造的上海洋山深水港重卡示范运营项目，在洋山港物流园、东海大桥、洋山一期码头内，实现集装箱智能转运。

02_ 协同发展的效益与潜力

车联网是 5G 最重要的应用场景之一，能够促进 5G 的发展和商业化应用。反过来，车联网能够提供丰富的出行信息服务；帮助汽车更智能、更有效地做出决策，提高交通效率和安全性；而 5G 还将赋能智能网联汽车，加速更高级别自动驾驶的发展进程。

（一）车联网发展将为通信行业带来巨大的增量市场

1. 车联网将是 5G 网络最重要的落地场景之一

随着汽车走向智能化、网联化，车联网将是 5G 网络最重要的垂直应用

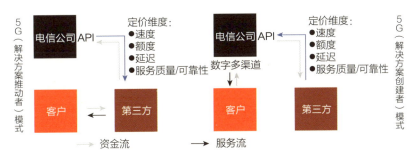

图 4-10　运营商商业模式分析

一是运营商主导的 B2B2C 模式。运营商可根据不同车联网业务需求，利用切片服务提供差异化性能的服务以匹配每位客户的需求和预算，基于不同技术功能对套餐进行定价。

二是与第三方企业合作，基于平台实现前向及后向收费。一种方式是第三方从运营商处购买 5G 网络容量的"切片"嵌入到自身产品中，由第三方向客户推销捆绑产品；另一种方式是运营商开放核心网或 MEC 上层应用，与第三方联合开发新服务，由运营商直接向客户提供服务，将收入按流量或其他依据进行分配。这种营利模式可称为"企业对第三方对客户"（B2B2X）⊖，其中，客户 X 可以是车联网消费者（2C）、车联网生态企业（2B）或公共机构（2G）。

此外，随着 5G 在不同市场的大规模应用，新的合作盈利模式也将继续产生。运营商还可以通过网络运营商数据平台，最大限度地将数据中包含的价值信息释放，主动扩展新的业务，促进产品及商业模式的创新。

3. 车联网将为通信设备商带来巨大的增量市场空间

蜂窝直连通信技术将广泛用于 V2V 和 V2I 领域，通信芯片、模组、终端等有巨大的增量市场空间。在 3GPP 发布的蜂窝通信标准 R14 中，首次

⊖ 根据普华永道思略特分析。

提出了蜂窝直连通信 C-V2X 的概念，并随着通信网络技术的发展，向 5G-V2X 演进。在 5G 产业链成熟度快速提升的推动下，中国车联网渗透率也将快速提升，市场规模有望达到接近万亿级别[46]。因此，随着终端设备在车载、路侧的渗透率提升，相应的通信芯片、模组、终端将有巨大的市场空间。根据《中国制造 2025 重点领域技术路线图》预测，2025 年我国新增车辆安装车联网车载终端的比率将达到 80%，新增车辆或将达到 1533 万辆①，假设车联网车载终端的量产价格为 3000 元/车，那么新车车辆车联网车载终端市场规模将超过 367 亿元。随着 5G 逐步商用，产品功能逐渐丰富，单车硬件产值也会进一步提升。

（二）5G 赋能车联网，加速自动驾驶进程

5G 技术的低时延、高可靠性将有望开启车联网领域新高度，真正实现车内网与车际网相互协同，带来前所未有的智能化驾车及乘车体验。

1. 汽车的网联功能可使驾驶更安全

车路协同可以对道路环境进行全方位感知、分析和决策，可以对危险情景进行提前预警，进而减少发生交通事故的可能性或降低交通死亡率，提升出行安全。根据我国交通事故统计分析（见图 4-11），单车的事故仅占 5%，车车碰撞事故占 25%，而汽车与骑车人碰撞事故占 53%，汽车与行人碰撞事故占 17%。通过车车通信（V2V）、车路通信（V2I）提供危险预警、碰撞预警对我国交通安全改善作用巨大，可以预防 96% 的交通事故[47]。典型的 C-V2X 交通安全类应用有交叉路口来车提醒、前方事故预警、盲区监测、紧急制动预警等。

---

① 数据来源：中国汽车技术研究中心预测。

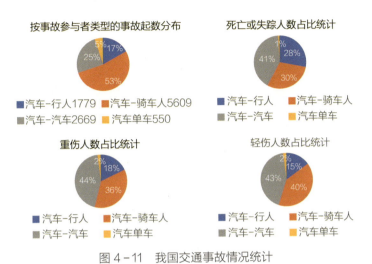

图 4-11 我国交通事故情况统计

2. 汽车的网联功能可使驾驶更高效

通过车联网打通汽车与交通管控平台的联系，使交通管控平台的调控模型从浮动数据提升为全时空实时交通数据，通过动态调配路网资源，实现拥堵提醒、优化路线诱导，有效提高道路交通流优化的效率，实现整个交通系统最优化。例如，通过建立车车、车路实时信息交互渠道，可实现路口协作通行，优化红绿灯相位时间，极大地提高道路通行效率。滴滴出行和济南交警合作，通过移动互联网数据对信号灯进行调整和优化，实现工作日早高峰平均延误时间下降 10.73%，晚高峰平均延误时间下降 10.94%[48]。未来交通效率的提升可以将解放出的时间转化成生产力，进一步释放经济价值。

3. 汽车的网联功能将提供更丰富的信息服务，产生更大的增值空间

一是汽车内部空间将被重新定义（见图 4-12）。随着智能网联技术的逐步升级，智能网联汽车不再仅仅是交通工具，而将成为连接家和办公室的重要的第三空间。车载 AR 实景导航、车载高精地图实时下载、车载 VR 游戏等业务将促进车载服务将更加场景化、个性化，也更智能。

图 4-12 汽车内部空间将被重新定义

二是网联功能将创造新的消费模式。一方面，随着车联网生态的完善，汽车将与其他移动终端建立联合生态，打通各应用、各平台之间的壁垒，让用户可体检跨平台服务的无缝切换；另一方面，随着人工智能在车联网中的应用，人脸识别、语音识别、个性化推荐等，可让商家做到服务市场精准定位，汽车用户可以享受到个性化服务，以及无感支付等便捷的消费体检。

三是汽车衍生产业将被激活并产生新的业态。将汽车行驶、感知数据提供给第三方使用，可以形成丰富的车联网产业生态，促进相关产业的协同发展。比如汽车厂商通过与电信运营商等共同合作提供综合解决方案，可以面向个人和行业提供共享汽车租赁、网约车等服务；保险公司可以根据驾驶行为数据、经常驾驶路线的事故率等数据进行保费优化；汽车交易服务商可以快捷获取汽车全生命周期的数据，分析汽车剩余价值，预测二手车交易行为等[49]。

4. 汽车的网联功能可支持高级自动驾驶、协同驾驶

随着无线通信技术的不断演进，车联网应用也向着协同化和智能化发展，以实现更高等级、复杂场景的自动驾驶服务，例如车辆编队行驶、自主代客泊车、路口协同起步等，最终实现完全自动驾驶状态。以自动远程

驾驶为例，在恶劣环境和危险区域，5G 网络支持下的网联汽车可以实时获取大量的车辆行驶状态以及周边环境信息，经过深入分析，能够在汽车出现异常时进行远程干预，满足自动驾驶失效情况下人工远程介入的需求[50]。

03_ 协同发展面临的问题

（一）车联网应用面临商业化挑战

1. 面向车路协同的车联网应用商业运营模式不清晰

如表 4-1 所示，目前国内外已经开启了车联网在不同场景下的应用示范。在自动泊车、高速公路车辆编队行驶、智慧矿山网联自动驾驶等领域探索出了较为清晰的商业模式。但是在更大范围内的开放性区域，车联网参与者还未形成强有力的主导方，缺乏统一的车联网网络部署方案，导致整个产业没有形成核心的凝聚力，产业推动力量发散，商业运营模式不清晰，行业推动力不足，极大地影响了车联网产业的规模化发展。

表 4-1 国内典型车联网应用的商业模式

典型应用	商业模式
自动泊车	由整车厂和停车场共同推进该应用
高速公路车辆编队行驶	一种是为物流公司提供运输外包服务的自动驾驶公司；另一种是为物流公司提供智能驾驶解决方案的车联网解决供应商
智慧矿山网联自动驾驶	智能驾驶解决方案供应商提供整体解决方案
智慧路口协作通行	网络建设运营主体不明晰

注：资料来源于中国信息通信研究院、《车联网白皮书（2019）》等。

如图 4-13 所示，制约我国车联网大规模商业化的原因主要包括：

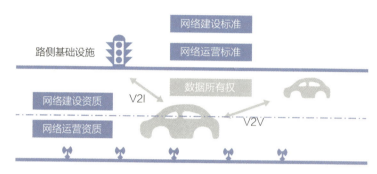

图 4-13　车联网建设运营存在的问题

一是车路协同基础设施建设者资质、运营资质的发放没有明确的主体单位，而未来面向车路协同的车联网可能是独立的专用网络，届时将形成新的车路协同运营公司。

二是建设、运营相关的标准体系尚未明确，严重制约了车联网产业的可持续发展[51]。

三是车联网规模的不断扩大，将导致大量数据的产生，数据的所有权也将成为车联网产业的一个关键性问题（见表 4-2）。

表 4-2　不同运营主体的优劣势

运营主体	优　势	劣　势
政府独资或联合投资的企业	协调政府相关部门进行路侧基础设施建设和数据开放	没有网络建设和运维背景，只能建 PC5 专网，投资大，投资回收期较长
高速公路服务商	快速部署高速公路的路侧基础设施，并开放数据	推动政府进行路侧基础设施信息化升级和数据开放
电信运营商	有建网和运营经验，利用已有蜂窝网络，按需部署 PC5 设备，投资相对较少	需推动政府进行路侧基础设施信息化升级和数据开放

(续)

运营主体	优势	劣势
其他企业（如中国铁塔）	工程建设经验	需推动政府进行路侧基础设施信息化升级和数据开放；只能建 PC5 专网

注：资料来源中国移动。

2. 车联网终端渗透率有待提高

车载终端渗透率虽然不断提升，但我国汽车保有量大，从存量上看，我国车载终端装配率仍然较小。同时由于车联网车载终端成本问题，以及相对有限的网联服务，除国家强制要求安装的运输车辆及新能源车辆外，仅部分高配车型安装了车联网车载终端。而未来增加直连通信的车载终端 OBU 价格将比 T-BOX 更高，渗透率将受到更大影响。因此提高车联网车载终端渗透率，加快汽车网联化将面临更大挑战。

3. 5G 通信网络建设运营难度大

一是5G通信网络建设成本高。5G网络频率提高使得基站覆盖趋于变小，带动各层级基站个数增加，同时鉴于5G网络建设需要更复杂的设计，5G设备的成本会比4G同类产品高出10%～30%。5G网络建设在3.5G的基础上进行估算，仅算宏站的部分（包括室内信号覆盖的室分站），5G基站的数量将达到430万站，是4G的1.3倍，成本投入大概为1.16万亿元，比4G增长55%[52]。

二是通信网络运维成本高。5G基站功耗高，初期单基站用电量是4G的3~4倍，另外，3G、4G、5G网络短期内将共存，网络间互操作复杂度提升，破解网络规划、组网、运维难题存在不确定性[38]。

三是网络建设难度大。为满足系统容量的显著提升，未来城市将覆盖众多5G的小基站，进而带来选址难度大以及电力传输等方面改造的问题。

另外,网联汽车在行进过程中,基站间信号频繁切换,将影响自动驾驶能力,如何平衡宏基站和小基站间的分布,使网络保证稳定是未来运营商基站建设需要考虑的问题。

(二) C-V2X 标准、测试认证体系不完善

1. C-V2X 国家标准体系不完善

一是直连通信方面,LTE-V2X 通信设备已具备商用状态,但互联互通国标体系尚待建立。标准体系的完善将显著提升我国在智能网联汽车领域的关键技术水平和核心竞争力。LTE-V2X 相关接入层、网络层、应用层等核心技术团体、行业标准已基本制定完成(见表4-3)。为了推动 LTE-V2X 标准在汽车、交通、公安等不同行业的应用,应尽快推进相关行业标准转升为国家标准,便于跨行业采用。

表4-3 中国 LTE-V2X 通信标准体系

名 称	机 构	状态	级别
《基于 LTE 的车联网无线通信技术 总体技术要求》	中国通信标准化协会	已发布	行业标准
《基于 LTE 的车联网无线通信技术 空中接口技术要求》	中国通信标准化协会	已发布	行业标准
《基于 LTE 的车联网无线通信技术 网络层技术要求》	中国通信标准化协会	已发布	行业标准
《基于 LTE 的车联网无线通信技术 网络层测试方法》	中国通信标准化协会	已发布	行业标准
《基于 LTE 的车联网无线通信技术 消息层技术要求》	中国通信标准化协会	已发布	行业标准
《基于 LTE 的车联网无线通信技术 消息层测试方法》	中国通信标准化协会	已发布	行业标准

二是更高等级的车联网应用标准待制定。中国汽车工程学会发布了《合作式智能运输系统 车用通信系统 应用层及应用数据交互标准》。此项团体标准定义了17种典型车联网应用层标准，其中包括12种安全类业务，4类效率类业务，1类近场支付信息服务，主要适用于城区场景及部分高速场景。但仍有停车场自动泊车、十字交叉路口预警、车辆编队行驶等功能应用场景尚未考虑，有待进一步制定。在5G网络支持下的自动驾驶时代，支持复杂性更高的商用系统要求和应用标准还亟待制定。

此外，目前大部分标准是分散在不同的团体组织或行业标准化委员会内开展研究制定，现在急需相互之间的统筹协同，加快推进与汽车相关的体系完整的、统一的国家标准的制定。

2. C-V2X测试认证体系有待完善

国内C-V2X测试认证体系有待完善。通信模组、零部件级、整车级测试，认证体系有待统一完善。另外，基于车路协同还有部分测试验证标准有待建立。由于C-V2X涉及多个部门，不能完全照搬过去原有的测试评估体系，需要在脱离原有各行业独立认证的同时，构建跨行业协作的创新测试评估体系[48]。

（三）数据应用标准不成熟，信息安全问题突出

1. 数据应用标准、管理机制不成熟

车联网应用涉及的数据涵盖"车-路-网-云"相互交互的所有信息，横向包括产品研发、制造、使用等环节数据，纵向涉及企业、产业链和生态链交互信息[42]。车联网数据应用的发展空间大但成熟度仍然不足。一是通过V2X接受的数据，需要与车载传感器感知数据进行融合。涉及数据置信度、数据时间戳对准、目标识别与跟踪等，目前还处于前期研发阶段。

二是海量的数据信息的传输和交换,需要定义统一的数据格式标准,否则难以实现车端的数据共享。三是数据可信度不高,无法依据数据做出切实分析。四是缺乏数据安全保障和管理机制,很难推动车联网数据价值的释放。

2. 信息安全管理体系建设有待加强

在信息安全标准方面,目前中国智能网联汽车创新产业联盟和中国智能交通产业联盟正在推进相关的信息安全团体标准建立,如表4-4所示,我国已发布了车载信息安全技术要求和联网汽车信息安全技术要求两项团体标准,但尚缺乏完善的国家标准,且相关的安全测试方法仍在研究中,未建立安全认证体系,影响了通信设备的产业化成熟度。

表4-4 车联网信息安全标准

名称	机构	状态	级别
《智能网联汽车车载端信息安全技术要求 T/CSAE 101—2018》	中国智能网联汽车创新产业联盟	已发布	团体标准
《基于公众电信网的联网汽车信息安全技术要求 T/ITS 0068—2017》	中国智能交通产业联盟	已发布	团体标准
《智能网联汽车车载端信息安全测试方法》	中国智能网联汽车创新产业联盟	在研	团体标准
《基于LTE的车联网无线通信技术安全认证测试方法》	中国通信标准化协会	在研	行业标准
《基于LTE的车联网无线通信技术安全认证技术要求》	中国通信标准化协会	在研	行业标准
《车联网安全总体架构》	中国通信标准化协会	在研	行业标准

（续）

名　　称	机　　构	状态	级别
《车联网信息服务平台安全防护检测要求》	中国通信标准化协会	在研	行业标准
《网络关键设备安全技术要求车联网智能通信网关》	中国通信标准化协会	在研	行业标准
《网络关键设备安全检测要求车联网智能通信网关》	中国通信标准化协会	在研	行业标准

在安全解决方案方面，IMT－2020 提出了使用基于公钥证书的 PKI 体制[53]，采用数字签名等技术手段，支持不同终端的网络接入认证，以保障终端在异构网络间进行切换时的安全认证效率以及网络切换连续性，实现 V2V、V2I、V2P 直连通信安全；此外，部分企业建立了针对车联网通信的安全认证平台。但是，我国尚未建立关于 C－V2X 的证书管理系统，无法有效支撑基于 PKI 公钥体系的应用层安全认证和安全通信机制。而且，车联网安全证书管理主体不明晰，不同安全认证管理平台间还未协调统一，亟待建立完善的信息安全管理体系，全面保障车联网应用的安全性。

车联网安全监管问题突出。在车联网环境中如何确保信息的安全性和隐私性，避免受到病毒攻击和恶意破坏，防止个人信息、业务信息和财产丢失或被他人盗用，都将是车联网发展过程中需要突破的重大难题（见表4－5）。

表4－5　车联网安全威胁分析[35]

车联网安全问题	安全威胁分析
智能网联汽车安全	T－BOX 提供无线网络通信接口，是逆向分析、网络攻击重要对象 CAN 总线是汽车控制中枢，是供给防护的底线

（续）

车联网安全问题	安全威胁分析
智能网联汽车安全	OBD 接口连接汽车内外，外接设备成为攻击来源 ECU 事关车辆行驶安全，芯片漏洞及固件漏洞是主要隐患 车载操作系统基于传统 IT 操作系统，面临已知漏洞 IVI 功能复杂攻击面广，面临软硬件攻击 OTA 将成为主流功能，也成为潜在攻击渠道 传感器是辅助驾驶的基础，面临干扰和拒绝服务攻击 多功能汽车钥匙流行，信号中继及算法破解威胁较大
车联网移动智能终端安全	移动 APP 成为车联网标配，应用破解成为主要威胁 移动智能终端系统安全间接影响车联网安全
车联网服务平台安全	车联网服务云平台面临传统的云平台安全问题 弱身份认证使得车联网管理平台暴露给攻击者，面临网络攻击
车联网通信安全	通信协议破解和中间人供给成为车－云通信主要威胁 恶意节点成为车－车通信威胁，可信通信面临挑战 协议破解及认证是车联网短距离通信主要威胁
数据安全和隐私保护	传输和存储环节存在数据被窃风险 数据过度采集和越界使用成为隐私保护主要问题 数据跨境流动问题成为威胁国家安全潜在隐患

（四）车联网生态有待完善

目前，我国车联网行业还处于初级阶段，未来市场空间巨大。完善车联网生态及产业发展环境可以促进通信产业、汽车产业的发展，盘活周边产业，利于挖掘新的商业模式，推动车联网应用向更高等级发展。

1. 车联网服务需要新的产品与服务

完善车联网应用生态可以吸引更多的新型企业进入车联网行业，发掘车联网潜在的市场空间,促进新产品、新服务的出行,丰富车联网应用。如图4-14所示,现阶段车联网在终端用户侧,已经衍生出各类智能硬件、增值服务、跨行业应用等,基本是将车载智能终端与无线通道相连,以提供实时交通路况、导航、救援定位、车况检测、4S店预约等运营服务[54]。但是由于大部分应用可被手机应用覆盖,无法引发用户的刚性需要。因此,现阶段急需利用通信技术的进步,如5G、直连通信等,与其他产业之间进行跨行业、跨领域的创新合作,打造车联网的新产品、新服务。

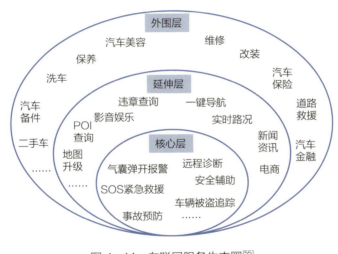

图4-14 车联网服务生态圈[55]

2. 急需车联网解决方案供应商的加入

车联网生态圈随着智能化、网联化的发展,将进一步拓展。在早期信息服务类车联网生态圈中,TSP平台是车联网生态圈的主导者,整车厂商、应用/内容服务提供商、电信运营商是车联网生态圈的关键参与者[56]。随着汽车智能化的发展,以及智慧交通类应用的普及,传统汽车厂商、云控平台服务商、互联网公司、共享出行公司、线下服务提供商、金融保险商等,都将成为车联网生态圈的主要参与者。

完善的车联网生态需要车联网解决方案供应商的推动。由于车联网涉及的产业环节很多,从下层的硬件、软件,到上层的数据使用、服务内容提供等,也需要一体化解决方案供应商,将各环节的资源整合利用、开放共享,降低其他生态参与者的业务门槛。目前,我国已经出现了一些车联网解决方案供应商,但是目前车联网解决方案供应商还处于初级阶段,未来需要更多能整合不同层面资源的供应商加入生态。

04 协同发展路径

(一) 探索创新型商业模式,提高车端渗透率、网络覆盖率

一是明确通信网络的建设与运营主体单位,发动各行业各部门资源优势,通力合作,加强交流,在交通管理信号开放、路侧基础设施与应用平台建设、无线频谱使用、业务数据共享与保护等方面构建成熟的商业运营模式[57],并在具备条件的城市进行试点示范,探寻新的商业模式,加快形成车联网开放区域类应用的整体解决方案,推动车联网规模化应用。

二是出台支持 C-V2X 技术应用推广的产业发展政策,提升车载智能终端装配率。从服务于 V2V 通信的角度,考虑对安装车载智能终端的汽车予以相应补贴支持或者出台相应的法律法规强制推广新出厂车辆安装车载智能终端等,尽快推动 C-V2X 技术的普及商用。

三是加快通信网络建设,探寻可持续的运营模式。首先加强统筹规划,分步进行通信网络建设,从示范区开始布局逐步扩大网络规模,充分利用现有基础设施资源,促进不同主体共建共享,降低网络建设成本;其次,加快低能耗技术研发,对网络建设主体进行补贴支持,降低网络运营成本,保障车联网稳步发展。

（二）完善标准、测试验证体系

一是完善标准体系建设。目前，我国 C‒V2X 标准体系已初步形成，但仍需要完成正在进行的相关标准工作，开展基于 C‒V2X 应用功能安全、C‒V2X 与高级驾驶辅助系统（Advanced Driving Assistance System，ADAS）融合相关标准，以及下一阶段针对更高级别应用的相关技术研究，并制定相关标准[49]。通过建立多方参与、分工协作的标准研制机制，协调各级标准之间、信息通信业与其他行业标准之间的关系。统筹管理国际标准化活动，重点扶持国际标准化工作，推动我国标准走出去。

二是建立 C‒V2X 测试评估体系和大规模测试验证。LTE‒V2X 测试涉及多个行业，包括车辆制造业、ICT 行业（包括通信、计算机和控制）等，因此不仅需要覆盖通信模组、零部件级测试，还要考虑整车级测试。LTE‒V2X 测试是一个系统性工程，需要构建跨行业协作的测试评估体系，包括客观的、统一的、可重复的、自动化的测试方法、流程和规范，以及测试验证实验室平台和外场环境，以支持开展 LTE‒V2X 的应用功能、性能、协议一致性、信息安全和可靠性等多方面测试。此外，在市场化应用前，还应进行大规模的区域性、城市级测试验证，在保证应用功能、性能有效的同时，扩展 V2X 典型应用场景、分析交通效率提升和普及用户接受度。

（三）创新数据应用，加强信息安全

一是建立跨部门协调机制，积极协调跨部门跨行业开展新技术的验证示范，加快 C‒V2X 接收的数据与车载传感器感知数据的融合发展。积极探索跨行业的数据应用，尝试使用新兴技术手段如区块链、隐私计算等保证数据的安全合规[62]。积极开展敏感数据、重要数据的划分，以及个人信息保护和数据流动管理。

二是探索建立汽车联网的安全管理平台，健全安全管理制度，全面提升汽车联网后的安全防护水平。开展车载终端安全、数据交互安全、平台信息安全和隐私保护等方面关键技术攻关及产品研制，建立贯穿于车联网"端－管－云"全链条的综合防御体系。建立协同统一的安全认证管理平台，保证车联网端到端之间的安全互认，完善国家 C－V2X 通信认证体系，对交互信息合法性进行有效验证。

（四）完善车联网生态，鼓励车联网解决方案商加入

一是促进跨行业、跨领域的创新合作，打造车联网服务和应用生态。推动 ICT 企业、交通企业以及车企等跨行业、跨领域之间的协同合作，围绕城市管理体系，与保险、金融、安全、交通、物流等多个垂直行业形成一个大的生态体系，共同打造开放的内容和服务生态圈，积极扩展车联网应用场景和功能，实现车联网功能最大化，增强我国车联网市场经济的创新力和竞争力。同时，鼓励新的进入者加入，提供创新型的产品和服务，激活整个市场，实现产业可持续发展。

二是鼓励车联网解决方案提供商的加入，一方面面向交通管理部门，联合基础设施提供商，提供安全、高效的管理类服务，另一方面面向智能网联汽车用户，联合通信运营商、基础设施提供商、出行服务商等着力打造协同创新平台，汇聚众智众力，提供个性化运营服务。

CHAPTER
5

第五章

汽车与交通
协同发展

01 协同发展的演进

随着"智慧道路"逐步落地和 MEC 的引入,智能路侧设备作为 C-V2X 业务演进的重要载体,与车、路、云控基础平台协同,可以提供更加丰富和实时的道路静态和动态数据。结合云控基础平台下发的交通管理信息,能够支持更丰富的安全、效率类业务。

(一) 车路协同是智能交通系统的高级发展形式

1. 智慧交通是我国交通强国征程的方向

改革开放40年来,我国的交通运输发展经历了从"瓶颈制约"到"总体缓解"再到"基本适应"经济社会发展需求的历史性转变[58]。我国基本形成了点线面相衔接、层次清晰、分工明确的交通网络,各种交通方式以自身的技术和经济特性,呈现出优势互补的发展格局,综合交通网络布局和结构明显改善,运输能力显著增强。

智慧交通是我国向着交通强国发展的方向⊖。我国居民收入和消费水平提高、消费结构加速由物质型消费向服务型消费转变,共享化、定制化、智能化的交通需求将明显增多,以安全、快速、舒适、经济、准时、绿色为主要特征的出行需求将大幅增长,这些都对交通系统发展提出了新要求。同时,中国城市交通面临着交通拥堵、环境污染等严重问题,急需重构城市交通形态,加强拥堵综合治理、优化城市交通体系。发展智慧交通对于提高交通管理效率、缓解交通拥挤、减少环境污染、确保交通安全起到了非常重要的作用。

⊖ 第十四届国际交通技术与设备展览会,中国交通运输部部长李小鹏发言。

随着单车智能技术提升的瓶颈，以及交通环境复杂性的增加，自动驾驶在实际应用中越来越依靠道路智能基础设施（见图5-1）。道路智能基础设施主要包括V2X通信路侧单元（RSU）、路侧感知单元（智能摄像头、毫米波雷达、激光雷达）和计算决策单元（边缘云）、智能路侧控制系统（智能红绿灯、可变标识牌等）以及4G/5G通信基站、差分定位基站等，路侧设施可以与区域云、中心云、车载单元（OBU）等进行数据交互。智能汽车与道路基础设施、路侧设备之间的交互与耦合，将逐渐对自动驾驶起到重要作用。如何结合未来的道路交通发展趋势，探索适应未来智能道路新建和更新要求的技术体系，不仅是中国的需求，也是国际共同面临的挑战。

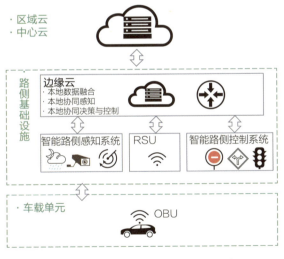

图5-1 "车路云"一体化协同示意图

云控基础平台是支撑车路协同的数据协同中心，计算中心和资源优化配置中心○。如图5-2所示，面向自动驾驶，云控基础平台基于安全与效

○ 资源来源：第二届全球智能汽车前沿峰会清华大学李克强教授演讲报告《智能网联汽车系统五大基础平台及其构建对策》。

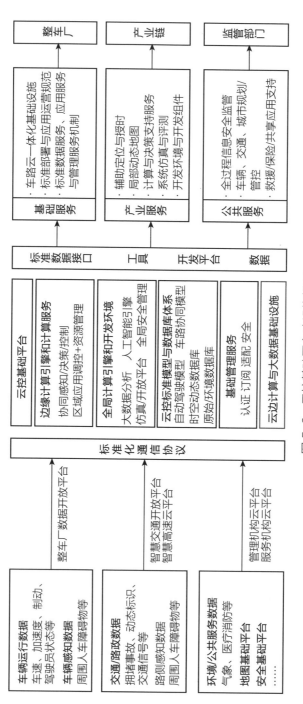

图 5-2 云控基础平台建设构想[59]

率目标进行数据传输、调度、指挥，打通路与车之间的数据、控制隔阂。目前，产业界基本形成了"路侧－区域－中心"多层级平台架构的共识。

2. 车路协同成为汽车与交通产业融合着力点

汽车政策与交通政策逐渐形成了良性互动。2019年9月印发的《交通强国建设纲要》中明确指出，加强智能网联汽车（智能汽车、自动驾驶、车路协同）研发，形成自主可控完整的产业链。未来汽车与交通政策将进一步密切配合，相互支持、相互补充。基础设施、交通企业也都意识到车路协同在实现自动驾驶的作用，产业的跨界合作得到一致认可，车路协同自动驾驶领域逐渐形成多方参与、竞争合作的复杂生态体系[60]。

智能汽车应用场景与交通建设割裂状态将发生改变。过去，无论单车智能的研发还是智能道路建设，都是汽车、道路、通信等单独环节上各自为政的智能，汽车、道路、通信等产生的数据大多数都不能够有效地被采用。因此，需要将车辆与交通参与者、车辆与车辆、车辆与道路基础设施、车辆与云控基础平台、车辆与网络核心技术深度融合，灵活地运用各自产生的数据，合理解决各种交通状况，最终实现汽车与交通协同发展。

（二）智能交通背景下我国汽车与交通协同的阶段划分

车路协同系统是基于先进的传感和无线通信等技术，实现车辆和道路基础设施之间，以及车车之间的智能协同与配合，从而保障在复杂交通环境下车辆行驶安全、实现道路交通主动控制、提高路网运行效率的新一代智能道路交通系统。以智能交通技术开发为标志，我国汽车与交通协同发展经历了三个发展阶段（见图5-3）。

1. 技术开发阶段

20世纪70年代到21世纪初，是我国汽车与交通协同发展的起步阶段，

图 5-3　我国汽车与交通协同的发展历程[61]

以"智能交通技术的开发与小型示范"为主要特征。20 世纪 70 年代至 90 年代，我国开始进行城市交通信号控制的一些基础性研究；一线城市如北京、上海和深圳等纷纷引进国外先进技术，并进行创新。随后，我国在智能交通系统（ITS）关键技术上取得了一些突破，包括建立电子收费系统、交通管理、高速公路应急管理等管理系统。该阶段，我国汽车与交通协同发展已具雏形，但与国外先进国家相比，总体技术和应用水平还有相当大的差距，对解决日益严重的交通供需矛盾效果有限。

2. 智能交通推广阶段

"十五"期间，国家开始了智能交通系统相关领域的科技攻关专项研究，在交通信息数据采集处理及协同技术、智能交通控制技术、安全辅助驾驶、车载信息综合服务等技术方向上取得了一定的成绩。"十一五"期间，我国率先在北上广等城市进行以智能化交通指挥、智能公交调度、综合交通信息平台为主要内容的示范工程建设。此时，国内智能交通系统已从探索阶段进入实质性建设阶段。

"十二五"以来，随着城镇化建设的推进和智慧城市相关政策的落实，云计算、大数据等技术的不断成熟，智能交通行业进入了高速发展阶段。各大城市均尝试进行智能交通系统的建设，通过综合分析人、车、路等交通影响因素，利用各类信息发布手段，为道路使用者提供最优路径引导信息和各类实时交通帮助信息服务，为众多出行者优化路径。

3. 高级智能交通——车路协同阶段

自动驾驶的发展催生了道路基础设施的升级需求，电子信息和无线通信技术的迅速发展与广泛应用推动了车路协同系统的发展。2017年7月，交通运输部启动"新一代国家交通控制网和智慧公路"试点，开展基础设施数字化、陆运一体化、北斗高精度定位综合应用、基于大数据的路网综合管理、"互联网+"路网综合服务、新一代国家交通控制网示范[62]。2019年，中国公路学会自动驾驶工作委员会、自动驾驶标准化工作委员会发布了《智能网联道路系统分级定义与解读报告》（征求意见稿），将交通基础设施系统分为六个等级，为不同等级的车路协同自动驾驶提供必要的条件支撑，充分发掘与发挥智能网联汽车在改善安全、提高效率、降低能耗与污染方面的潜力（见表5-1）。

表5-1 交通基础设施系统分级要素对比

分级	信息化（数字化/网络化）	智能化	自动化	服务对象
I0	无	无	无	驾驶员
I1	初步	初步	初步	驾驶员/车辆
I2	部分	部分	部分	驾驶员/车辆
I3	高度	有条件	有条件	驾驶员/车辆
I4	完全	高度	高度	车辆
I5	完全	完全	完全	车辆

注：根据《智能网联道路系统分级定义与解读报告》（征求意见稿）相关公开资料整理。

我国在推进车路协同的过程中，打造了5G和LTE-V、DSRC兼容的通信网，构建了城市的云控制中心和云数据中心，力求实现基础设施数字化、交通智慧化，并逐步实现北斗高精度定位、地理信息在车辆中的应用，为车路协同创造应用基础环境。如图5-4所示，车路协同将逐步从目前的数字化协同向智慧化协同控制演进，目前的车路协同已经实现了物理指示识别，正在逐步推进数字化信息共享和融合感知协同。

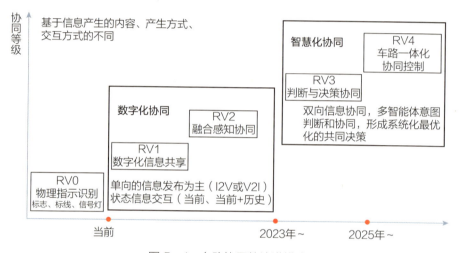

图5-4 车路协同的演进模式

注：根据2019世界未来出行大会华为公司代表发言整理，有改动。

（三）车路协同应用场景不断丰富

1. 自动驾驶应用将进一步完善

路侧设备以交通信息中心为轴，连接公共汽车系统、出租车系统、城市高速路监控信息系统、车速信息系统、电子收费系统、道路信息管理系统、电子通信系统、车内导航系统等，实现相互信息传递与处理功能，基于道路路侧系统智能化升级和车辆路运一体化协同，可为高等级自动驾驶构建相应的车路协同环境，提供极低延时宽带无线通信，开展车路信息交互、风险监测及预警、交通流监测分析等车路协同安全辅助服务。

2. 智能管理

车路协同系统将使道路、使用者和交通系统之间形成紧密、活跃和稳定的交互环境，为出行者提供实时、适当的交通信息，使其能够对交通路线、交通模式和交通时间做出更加充分、及时的判断，引导车辆避开拥挤路线，绕道稀缺路线，把原本无序的出行与交通，引导成有序的状态，科学合理地使用道路，使出行与交通均匀地散布在道路、交通系统的全部时空资源内，充分发挥交通资源的效能。

3. 车辆监测

通过安装在路口的雷达装置实时监测路口的行车数量、车距以及车速，同时监测行人的数量以及外界天气状况，动态地调控交通灯的信号，提高路口车辆通行率，减少交通信号灯的空放时间，最终提高道路的承载力。

4. 智能公交

通过射频识别（RFID）、传感等技术，实时了解公交车的位置，实现弯道及路线提醒等功能。同时能结合公交的运行特点，通过智能调度系统对线路、车辆进行规划调度，实现智能排班。例如，根据实时的路况信息和公交车运行信息，若有晚点公共汽车，道路交叉口的信号灯会判断是否需要对晚点的公共汽车提前给予绿灯，同时对正在交叉口内行驶的晚点公共汽车延长绿灯时间，使其有足够的时间来通过交叉口。此外，通过智能调度系统的实时监控，公交车驾驶员可采取大站快车等灵活的调车方式，缩短乘客的候车时间，实现车辆运营的精准管理，进一步提升公共交通出行的效率。

5. 智能停车

在城市交通出行领域，由于停车资源有限，停车效率低下等问题，智能停车场系统应运而生。智能停车场系统以停车位资源为基础，通过安装地磁感应、摄像头等装置，实现车牌识别、车位的查找与预订、反向寻车，以及使用 APP 自动支付等功能。

02 协同发展的效益与潜力

伴随着智慧城市理念的提出和智能交通的逐渐落地，以及边缘计算、5G 高可靠低时延技术的不断成熟，车路协同在显著降低自动驾驶落地成本与难度的同时，又实现了优化道路资源、提升交通效率。

（一）降低自动驾驶成本，改善安全性

1) **车路协同降低自动驾驶成本**。自动驾驶实现路线分为两个方向，一个是单车智能，另一个是车路协同。单车智能期望通过车载传感器系统精确辨别行人、道路及其他车辆的信息、通过高精度地图进行精确定位、通过海量数据快速处理能力的域控制器及时做出响应，因而对传感器、控制器等零部件提出了极高要求，导致成本居高不下[63]。而车路协同通过加强路侧智能设备与智能网联汽车的信息交互与融合，可以有效降低车载终端的计算压力与性能成本。基于 C-V2X 的车路协同技术，能将单车智能所需成本减少 30%[48]，并可让自动驾驶提前在中国落地。

2) **车路协同能够提高自动驾驶安全性**。仅靠单车智能很难完成对复杂道路环境的感知和实时决策[64]。通过车端和路端的传感器融合，可以消除感知盲区，减少信息传递延时，减少发生交通事故的可能性。我国交通事故中，有 37% 的严重伤亡事故发生在道路连接区域（路口），即使在车上装上高精度传感器，也无法避免由前方物体遮挡导致视觉盲区引发交通事

故，而车路协同路线可提供"上帝视角"（中远程感知），极大改善交通安全条件。此外，将单车智能大量的数据处理迁移至路侧的云端处理器，可以有效改善信息处理与传递效率，以国内目前测试场景中的实践为例，多接入边缘计算（MEC）服务器大多选择部署在路侧单元上[65]。基于C-V2X的车路协同技术，可以预防96%的交通事故。

（二）提高出行效率

通过打通汽车与交通管控平台，动态调配路网资源，实现拥堵提醒、优化路线导航，提高道路交通流优化的效率，实现整个交通系统最优化。例如，通过建立车车、车路实时信息交互渠道，可实现路口协作通行，优化红绿灯相位时间，极大地提高道路通行效率。郑州市的东三环智能快速公交（Bus Rapid Transit，BRT）项目优化了出行链的各个环节，在安全、快速、便捷、舒适、经济等方面进行了重点提升，吸引了部分出租车、地铁乘客改乘BRT。根据调查，该智能BRT项目使公交出行总时间缩短了三分之一（见表5-2）。

表5-2 郑州东三环智能BRT项目对出行效率的提升

出行方案	时间/分								成本/元
	出发	等候	停靠	等红灯	运行	换乘	到达	总计	
传统公交	7	5	1	15	38	0	4	66	1
地铁	12	2	0.5	—	32	5	10	63.5	4
出租车	4	20	0.2		20		1	44.2	32
智能BRT	2	3	0.5	5.8	32.6	0	4	42.9	1

注：根据"智能网联汽车应用示范与基础设施研讨会"嘉宾发言整理（2019年5月21日，武汉）。

（三） 提升资源的集约利用

城市交通问题是"城市病"的突出表现。汽车与交通协同将提高道路资源的使用效率。随着城市智能化交通网络体系的构建，自动驾驶汽车及其相关道路交通设施的使用效能将会得到充分发掘。自动驾驶汽车还可以让车辆以更近的车距行驶，故而提升公路行驶速度和公路通行能力。据估计，部分自动驾驶车队可将高速路的通行能力提高10%～25%，一支完全自动驾驶的汽车车队可将高速路的通行能力提高至原来的5倍[66]。

汽车与交通协同将减少道路的建设，缓解土地资源的占用（见图5-5）。由于自动驾驶拥有更精确的移动能力，将降低车道的设计宽度，这将促进行人空间的回归，为街道等公共空间的宜居性建设提供契机，提高城市公共空间的可达性和舒适性。尽管智能交通系统建设期需投入大量资金购置设备、建设基础设施，但其应用后能切实提高路网利用率，缓解土地资源短缺压力。

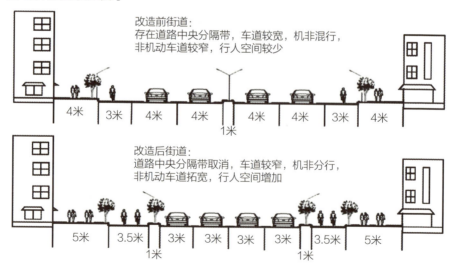

图5-5 自动驾驶汽车发展对街道的改变示意图[67]

提升停车场使用率。汽车在智能终端的调配下，可以高效衔接多个行程而无需停车，即便是高峰过后载客任务暂时结束，也可以自行驶往郊区停车场充电待命。当进入停车场时，具备自动泊车功能的汽车能够更加紧凑地停在一起，提升了停车场的使用率。

（四）提高社会经济效益

随着交通效率提升、安全保障水平提高、资源利用的提升，汽车与交通协同将有效提高社会经济效益。美国运输部发表的 2001 年度智能交通系统效益报告，通过大量的调查数据指出，先进的交通信号控制系统产生了显著的效益，停车次数减少 10%～41%，出行时间减少 2%～20%，延误减少 14%～44%，燃油消耗降低 2%～13%[68]。北京市交通管理部门自 2004 年起逐步建成了以交通管理数据中心、指挥调度平台、综合业务平台、信息发布平台为基本框架，涵盖八大信息化基础应用保障系统、百余个子系统的智能交通系统。根据研究，2005—2008 年，北京市智能交通系统应用后，在减少车辆行车成本、节省出行时间、缓解土地资源及交通基础设施的投资等方面，为北京市带来的社会经济效益共计 177.11 亿元[69]。

汽车与交通协同是落实国家重大战略的抓手之一，也有利于中国抢占科技制高点。2020 年 3 月 4 日，中央政治局常委会会议强调加快 5G 网络、数据中心等新型基础设施建设。汽车与交通协同将促进智能道路、数据中心、智能计算中心等基础设施建设，推动相关产业发展和技术进步。城市基础设施为了与自动驾驶车辆发展相匹配，道路、停车场等将升级改造实现智能化，交通基础设施相关的规划、设计、施工、运营和维护等业务也将配套升级，有利于为新业态、新模式的发展提供支撑。

03 协同发展面临的问题

（一）顶层协调机制缺失，政策法规构建存在难点

1. 新业态监管继续创新

传统汽车"分段规制"很难适用于自动驾驶的发展需求[70]。依照目前我国车辆安全技术管理标准，质量监督部门负责对已上市产品的质量监控与召回，交通运输部门和公安机关交通管理部门主要负责车辆使用环节的管理，不参与技术标准制定、车型许可颁发[71]。对于智能网联汽车车身、轮胎等硬件，可以设定和沿用传统的标准进行规范管理，但依靠自动驾驶车辆出行的发展远未成熟，自动驾驶的算法、决策工具难以通过硬性规则来管理[72]。同时，新兴技术与传统技术的交叉领域甚多，难以准确厘清产业和管理边界。

自动驾驶、车路协同等新业态对政府监管提出了新要求，并且新业态监管不宜再照搬传统的监管技术和手段。如自动驾驶存在"交互性"与"学习性"两大特质，所依托的机器学习功能，以及"人车协同""车路协同"等技术特点要求汽车与周围环境发生持续的沟通。这意味着监管部门需要通过一种相对动态的规制，充分利用互联网和大数据等技术创新监管方式和手段，在不断的沟通与实践中实现监管。此外，目前我国在自动驾驶出行服务上的运营牌照发放与授权机制的发展走向尚不确定。传统汽车的"分段规制"管理，难以适应协同发展下的行业规制需求。

2. 自动驾驶发展法律环境不完善

《中华人民共和国公路法》《公路安全保护条例》明确禁止将公路作为检验车辆性能的试车场地；《中华人民共和国道路交通安全法》《中华人民

共和国道路交通安全法实施条例》明确禁止在高速公路测试车辆,且基于自然人作为驾驶主体判断交通事故责任人,而未考虑驾驶主体和交通行为责任主体的变化;《机动车交通事故责任强制保险条例》规定,车辆保险的"投保人"是机动车所有人或管理人,"被保险人"为投保人及其允许的合法驾驶人。此外,我国目前还缺少专门针对自动驾驶汽车网络安全的实施细则或指南性文件[73]。

(二) 产业生态现状制约车路协同推广

1. 智能道路技术建设标准缺失,基础设施待优化

一是道路及路侧设备建设标准缺失。车路协同的发展离不开道路交通、通信以及能源等基础设施的支持。路侧基础设施建设方面尚未形成完善的设施工程建设和改造的标准流程和规范。在不同场景,例如城际高速公路和城市交叉路口、环岛、立交桥、主干道等各种场景下的路侧基础设施,部署原则存在明显差异,RSU 等设备该如何部署尚无明确定义[74];感知设备有效范围、延迟标准等技术指标不统一等。同时,由于仍然处于研发阶段,路侧基础设施未来将持续要有进行适应性改造与数字化改造[29]。目前,智能汽车的通信和测试方面已有《合作式智能运输系统专用短程通信》《智能网联汽车道路测试管理规范(试行)》等标准作为支撑,但应用于车路协同的路侧单元、智能交通信号灯、路侧感知系统、交通标志标线及基础设施工程设施通用设计尚无统一标准,也影响了智能汽车开放道路测试评价,许多地区的智能交通系统自成体系,标准互不统一。目前,多数城市已探索汽车与交通协同的手段,例如建设智能基础设施、建设综合性的城市管理数据库、发展民生服务智慧应用。但这些项目大都属于新生事物,技术路线不确定,建设标准难以把握,容易造成盲目建设、过度建设。例如,部分地区的云控平台、智能交通管理系统大而强,但一些功能缺少应

用基础；智能道路上应用于自动驾驶和车路协同的雷达、摄像头等智能设备布设可能有富余，影响现阶段项目技术经济水平；智能停车、智能公交建设，存在项目要求脱离实际的问题，导致成本高、落地困难。此外，中国公路学会发布的道路分级只对支持自动驾驶的功能进行了简单分类，并未对功能的信息数据表达格式、基础设施的修建标准等进行详细的量化定义。

二是基础设施建设不完善制约车路协同大规模应用。不少交通信号灯、道路标志不清晰、不规范，路侧智能设备同样无法辨别；遮挡、逆光、信号灯的形态等原因，也增加了识别难度；前期道路规划不严谨，导致目前部分道路功能定位不清晰，容易行车错位，引发道路交通拥堵。车路协同下自身感知定位及路径规划需要能够进行实时更新，需要有实现区域覆盖的高精度地图，与高精度定位网络的位置体系支撑，以及具有低时延、高可靠、低功耗特性的通信网络支持。目前的道路、通信网络、高精地图等条件还无法满足其车路协同大规模应用的需要。

2. 云控基础平台互联互通工作难推进，数据质量难以保障

云控基础平台的商业模式核心在于数据变现，将分散在各处的系统串联、数据打通，并支持承载各种应用服务。目前，我国云控基础平台的运营模式正在探索中。通信运营商和供应商、智能交通企业、自动驾驶平台与应用软件企业、汽车厂商等积极推进云控平台的建设与示范运营。不过，各方数据平台普遍计算能力有限，缺乏海量数据的处理能力，且各个平台之间尚未完全实现互联互通[42]，数据交互存在较大壁垒，涉及巨大的沟通协调成本与开发工作。

目前，云控基础平台存在数据成本高昂、数据质量难以保证、数据共享不畅与信息壁垒严重等问题。例如，高精地图坐标系不一致、地图质量不一；数据进行存储、清洗、结构化和标签化等操作的标准不一；交通数

据资源建设的规模化集约化程度、准确性权威性、数据利用情况，难以满足交通管理、科学决策和公共信息服务提供支撑的需求等问题。

3. 道路智能化建设运营的商业模式不清晰

路侧基础设施建设方面，以每千米智能化改造费用 100 万元保守测算，仅考虑高速公路与城市公路智能化改造，截至 2019 年，我国高速公路里程数为 17.96 万千米，城市公路里程数约 67.2 万千米。路侧基础设施建设投资规模达 8000 亿元。

引入社会资本参与道路智能化建设和改造存在较大难度。道路、信息平台等基础设施建设项目一般投资较大，且缺乏"使用者付费"基础。针对当前开发的部分车路协同应用，终端用户的付费意愿不够强烈。目前发布的车路协同应用层标准包括 17 项应用（见图 5-6），其中，有 35% 的应用已被手机 APP 覆盖或终端用户缺乏付费意愿；前向碰撞预警和变道预警这两项功能，也被 ADAS 功能覆盖。剩下的应用，类比预警类 ADAS 的发展现状，也并不是所有用户都愿意为之付费。仅有自动驾驶车企可能进行付费测试，网络基础设施租赁、数据采集、运营维护等领域虽有开展盈利模式探索，但具体实践效果不一。

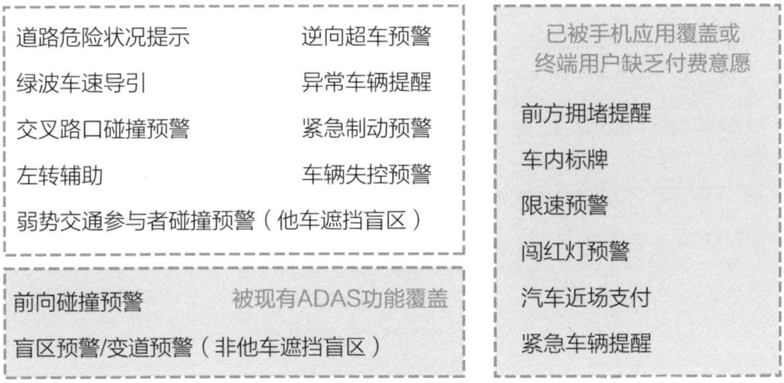

道路危险状况提示	逆向超车预警	已被手机应用覆盖或终端用户缺乏付费意愿
绿波车速导引	异常车辆提醒	前方拥堵提醒
交叉路口碰撞预警	紧急制动预警	车内标牌
左转辅助	车辆失控预警	限速预警
弱势交通参与者碰撞预警（他车遮挡盲区）		闯红灯预警
前向碰撞预警	被现有ADAS功能覆盖	汽车近场支付
盲区预警/变道预警（非他车遮挡盲区）		紧急车辆提醒

图 5-6 一期车路协同应用层

（三）安全管控与测试体系待完善

1. 不同的驾驶方式将长期共存

不同的驾驶方式长期共存，将导致更为复杂的交通状况。车路协同的推进是一个长期的过程，有人驾驶的车辆与自动驾驶车辆共存、车路协同系统中的车辆与非系统中的车辆共存，可能会导致更为复杂的交通状况。例如，自动驾驶车辆实现自动驾驶的算法，会按照法律规范、交通规则进行设计，而对于人类驾驶员来讲，驾驶车辆未必完全按照法律规范、交通法规进行；车路协同系统中的驾驶员可以随时接收路况信息，尤其是在弱势交通参与者冲突预警、紧急制动预警功能的提示下，可实现提前处理，而非系统中的驾驶员未必能做出及时、准确的反应。

2. 网络信息安全问题

一是网络安全隐患导致车辆失控。首先，黑客可以通过与总线通信交换车辆数据，控制车辆部分功能；其次，环境感知部分的各类传感器，也是汽车为了感知外部环境新设的数据入口，黑客可以模拟超声波雷达、毫米波雷达、激光雷达的返回波模拟外部环境，使车辆对周围障碍判断失误，从而引发安全事故。黑客可以利用汽车系统的漏洞及对车辆相关环境设施的控制，对车辆进行攻击。

二是隐私被泄露的安全风险。消费者上下车时间、途经地点、行车轨迹等信息，出行习惯及个人信息存在被泄露的风险。这些数据一旦泄露或者被滥用，乘客个人隐私将受到侵犯。

04_ 协同发展路径

（一）加强跨部门协同，强化政策协调

1. 建立政府间跨部门协同推进机制

车路协同的发展和管理横跨多个部门，为减少职能重复与交叉管理形成合力，应积极推动形成跨部门共同管理的机制，组织制定实施计划、设定重大创新项目，推进智能网联汽车和道路智能交通领域技术创新、产业培育、环境建设、商业化应用。同时，强化包容审慎监管立场，坚持合法监管、底线监管、创新监管的理念。

2. 完善车路协同政策法规体系

科学处理科技进步性与法律稳定性之间的关系。法律要给科技进步留出空间，在原则性与灵活性之间找到最合理的协调方式[73]。扩大和丰富测试场景，尤其是探索开展高速公路测试、城市道路测试、远程驾驶测试、载客示范以及商业化试运营等。将自动驾驶系统纳入到交通事故责任主体范围内，出行服务提供商、整车制造商、传感器厂商、核心算法提供商、高精度地图与定位服务商，以及道路基础设施建设方、运营方等或都将成为责任主体[75]。应明确自动驾驶车辆交通事故的责任分担规则，需要结合过失概念的界定确定归责原则，同时优化我国车辆保险法律体系。此外，自动驾驶是多领域融合的产物，地理信息、网络安全、电子通信等领域，法律法规也需要为自动驾驶提供支持。

（二）健全产业生态，探索多样化商业模式

1. 以先试先行为抓手，逐步实现车路协同基础设施建设细则标准化

一是推动基础设施建设标准化。面向智能道路领域新技术新业务的快

速发展，政府应全面推进相关产业技术标准的制定。智能道路、智能公交等基础设施和应用，可结合城市交通情况总结发展现状与发展趋势，探索相关技术路线，确定不同等级下应包含的功能，满足不同层次的应用需求，以期有效控制建设成本、降低资源浪费。结合武汉、杭州、湖州、德清等已经建设车路协同城市的建设实践，总结道路中感知设备与通信设备技术标准、智能网联汽车通信设计模式、测试管理细则等先试先行经验，促进行业规范化体系的搭建。在此基础上，实施道路基础设施信息化升级改造，智能交通信息网络全面覆盖城市和全国道路，解决基础设施建设标准不统一、智能交通无法互联互通的问题。

二是实施分地区、分阶段建设的方针。我国资源和区域经济存在明显差异，大部分地区的自动驾驶、智能交通发展水平还处于起步阶段，因此当前可以制定发展规划，从战略定位、发展方向、发展目标、发展任务与保障措施等方面给予宏观引领。通过典型地区、分梯队实现协同发展。依据地域来看，第一级梯队的北京、上海、深圳、广州等一线城市，拥有雄厚的资金和技术能力，可以集中大项目、平台建设和智能交通服务智慧城市的框架建设，也具备建设高级测试场的能力。但是，由于一线城市人口较多，交通状况复杂，难以大规模推进自动驾驶开放道路测试。第二级梯队的新兴城市可结合自身产业优势，聚焦具体、灵活的项目与技术开发，抓住智能交通发展的风口，吸引车企、互联网企业、智能设备企业等各类资源聚集。对于一些有经济基础的城市，可以进行自动驾驶示范区建设、推进不同应用场景下的开放道路测试。第三级梯队的中小城市或一些相对技术、资金水平落后的城市，可以以带动就业、发展经济为基本导向，在新技术、新装备的生产制造方面发挥作用，实现交通整体减能增效，调整产业结构，形成城市新的经济增长点。在实际建设中，各地以解决实际需求为导向，推动具体的建设项目，以技术可靠、安全、经济为原则，不断完成技术迭代，避免一味追求高精尖技术。在具体应用场景建设方面，要能够满足商业化运营的成本要求，形成产品开发、应用和商业回报的良性反馈和循环。

2. 建立数据标准规范，形成信息资源共享机制

完善交通运输信息资源分类分级、脱敏、溯源、标识等标准规范，以及数据采集、传输、交换共享等标准规范。例如，可以率先在数据更新、数据交换方面建立统一标准，通过转码编译标准的确定来实现数据交换和更新，再逐步完善包括数据汇聚、数据模型、质量评价、数据应用等一系列城市大数据建设标准规范，制定统一的技术标准、数据存储模型和数据库系统。

形成交通信息资源共享机制，提高数据资源的集约化程度。要进一步加强智能交通信息网络建设，形成基础设施配套的单车信息采集、大数据信息处理、道路流速流量信息监督和分配控制、停车场信息监督和分配控制等完整网络系统。逐步实现路网管理的"可视、可测、可控"，实现地区与全局协同的交通决策平台，实现基于车道级的出行状态监测与管理、出行状态推演与辅助决策。不同平台应在交互接口、传输协议、数据格式等方面进行统一，促进跨平台的互联互通。

3. 试点先行，探索多样化商业模式

形成可持续的建设运营模式。各资源可选择在具备条件的城市先行先试、在交通管理信号开放、路侧基础设施与应用平台建设、业务数据共享与保护方面加强探索。

充分利用智慧城市建设、道路基础设施改造新建和升级改造的机会，加快推进路侧设施在城市道路、高速公路等场景下的规模化部署，并推动车企进行付费测试。例如，在高速公路方面，在智慧高速公路布设RSU和差分GPS基站，并通过高速公路收费进行资金补充，由高速公路管理部门

负责基础设施运维。在城市道路方面，我国目前正在大力推进智慧城市和智慧小镇建设，对交通基础设施进行信息化升级。可借助此发展契机，在城市主干道布设 RSU 和差分 GPS，协同布设 4G/5G 基站，以支持云端服务功能扩展，实现交通道路通信设施、视频监控设施、交通信号、交通标识标线智能互联，具备路网全域感知能力，满足复杂的车路协同需要，并逐渐向一般道路扩展，由市政管理部门负责运维。在产业园区、特色小镇方面，可采取政府平台以国有资产股权入股，引入民营部门成立合资公司，引导产业园区进行车联网建设运营，同时通过管委会或其他监管部门进行把关审核和服务[76]。

探索数据应用服务增值方面，移动商可以通过路侧通信，形成高质量服务满足不同层级的应用需求，向用户提供按次、按时长、按灵活组合的方式去计算的商业模式。交通管理可以通过获取车辆信息、拥堵状况等信息，汇聚成交通大数据，提升数据的精确度。保险公司可以根据智能道路采集的数据，得到全程的车辆数据记录，发生事故后，可以调取汽车轨迹数据，协助事故责任坚定，对车辆保险费用进行精算，取得合理的保险费率。

（三）强化智能网联汽车安全监管，完善测试验证体系

1. 加强网络与信息安全保障体系建设

为保证自动驾驶车辆出行能够安全、高效地运行，需要法律法规对数据、网络安全进行监管方面的规制。全面落实信息安全等级保护和分级保护制度。推进交通运输领域数据分类分级管理，加强重要数据和个人信息安全保护，制定数据分级安全管理、数据脱敏等制度规范。完善信息安全管理联动机制，强化网络安全防护和数据安全防护，构建车辆软硬件、无线通信网络、车联网数据的全要素安全防护体系。强化行业主管部门监督执法权力，搭建国家车辆安全监管平台，实现对车辆全生命周期信息安全

和数据安全的监督管理。

2. 推动大规模测试验证

一是营造宽松化的路测环境，分阶段分区域开放道路测试路段，加快测试道路开放进程；二是营造多层次的测评环境，以验证自动驾驶性能和功能的可靠性为目标，规划建设不同功能定位的封闭测试场、半开放测试区；三是营造多元化的应用环境，规划智慧交通应用示范区，在条件合适的高速路、快速路规划车路协同集成示范项目；四是推行跨地区测试的准入互认机制，减少企业开支。五是完善测试评价体系。自动驾驶汽车性能表征存在不确定性，是人、车、道路交通环境相互耦合的结果，传统的单一工况进行重复测试并不适用，必须尽快建立完整统一的测试评价体系。

3. 自动驾驶决策编程的伦理问题需进一步探讨关注

目前，国际上已确定了一些机器伦理的国际准则：人类安全始终优先于动物或其他财产，并保护尽可能多的人；任何基于年龄、性别、种族、身体属性或任何其他区别因素的歧视判断都是不允许的。鉴于以上基础，建议我国围绕安全、人类尊严、个人决策自由，以及数字独立方面提出了更明确的要求。同时，自动驾驶道德伦理准则不应被标准化，需要不断完善，从而保证自动驾驶技术开发迈向正确的方向。在国际规则方面，由于不同地理区域的人群有不同的伦理观念，在制定自动驾驶的全球指导方针时，需要考虑到所有这些差异，并推动进行全球性的、包容性的对话。

CHAPTER

第六章

顶层设计建议

汽车产业是国民经济的重要支柱产业，在国民经济和社会发展中发挥着重要作用。加快推动汽车与能源、环境、通信、交通领域的协同发展，既是有效缓解能源和环境压力，也是加快汽车产业转型升级、培育新的经济增长点和竞争优势的战略举措。目前，多产业协同发展还存在着发展不充分、发展不优质的问题，需要加强顶层设计。

01_ 深化体制机制改革

健全的政府间跨部门协同管理机制。汽车产业与能源、环境、通信、交通的协同发展横跨多个部门，应健全部际协调机制，加强跨部门合作，加强顶层设计与动态评估，加快推进多产业间的融合发展。加强部门间政策措施的衔接，整合有关政府部门汽车管理职能。协同发展涉及产业链长、技术领域众多，应建立跨界融合的技术创新体系，统筹协调跨行业跨部门资源，形成协同创新的合力。鼓励地方政府在技术创新、产业培育、环境建设、商业化应用等方面积极探索。

02_ 提升研发创新能力

加快建立创新研发体系。在重大基础和前沿技术领域超前部署，集中力量突破一批支撑长远发展的关键共性技术。利用企业投入、社会资本、国家科技计划、专项等方式统筹组织企业、高校、科研院所等协同攻关。引导汽车产业与能源、环境、通信、交通等领域建立跨行业的技术发展联盟，推动电动化与智能化、网联化、共享化、绿色化技术融合发展，联合攻关基础交叉关键技术。

加强人才队伍保障。创新人才培养机制，健全人才评价体系，完善人才激励机制，改善人才生态环境，改革汽车产业创新型人才培养模式。结合汽车产业"五化"革命的发展趋势，推动汽车与能源、环境、通信、交通等学科、专业的融合建设，以国家有关专项工程为依托，在关键核心技术领域，培养一批具有国际水平的技术人才。

03 探索融合发展模式

加快基础设施建设。提高城市规划和交通布局的前瞻性和科学性，合理建设布局城市能源、道路、通信网络等基础设施，建设安全便捷、畅通高效、绿色智能的现代综合基础设施服务体系。提高充换电服务智能化水平，探索新能源汽车作为移动式储能单元，与电网实现能量和信息双向互动的机制。打通氢能供应链，健全加氢站等基础设施建设审批与监管体系。推动新一代通信网络建设，加快开展智能道路改造，满足高级别自动驾驶的需要。建立智能网联汽车与互联网、物联网、智能交通网络、智能电网及智慧城市等的信息交流和协同机制。

强化标准规范衔接。构建汽车与能源、交通、通信设施等通信协议和数据交互标准，出台电动汽车与智能电网协同发展的相关技术标准；以功能安全、网络安全为重点，加强智能网联汽车标准体系建设。强化认证检验检测体系建设，完善认证认可管理模式。

加速构建新型产业生态。打造涵盖解决方案、研发生产、运营服务等业务的生态型企业。发挥负荷集成商、充电运营商等主体的作用，推进新能源汽车有序充放电，促进车用能源清洁化。打造车路应用平台商，向政府、出行服务商、终端个人用户、车企等不同客户提供运营服务。

04_ 营造良好发展环境

完善财税金融体系。企业从事技术开发、转让及相关咨询、服务业务所取得的收入，可享受税收优惠政策。积极发挥政策性金融和商业金融各自优势，加大对新能源汽车、能源基础设施、自动驾驶等重点领域的支持力度。

加强安全监督管理。完善信息安全管理联动机制，强化网络安全防护和数据安全防护，构建车辆软硬件、无线通信网络、车联网数据的全要素安全防护体系。强化行业主管部门监督执法权力，搭建国家车辆安全监管平台，实现对车辆全生命周期信息安全和数据安全的监督管理。

加快推广应用和试点示范。鼓励电动汽车参与电力需求响应、辅助服务市场、光储充放一体化与跨区域绿电交易等场景应用示范。重视电池全生命周期管控，开展动力电池梯级利用和资源回收示范。有序推进氢燃料电池汽车试点示范。鼓励 C-V2X 大规模测试验证、安全认证，大力支持车辆制造业、ICT 企业围绕开展覆盖通信模组、零部件级、整车级测试。在重点地区打造一批智慧路网、智能电网、智能信息网三网融合示范应用工程。

参考文献

[1] RETHINK X. 颠覆、启迪与抉择：对于2020—2030年交通的再思考[R]. 洛杉矶：[出版者不详], 2017.

[2] 国家信息中心. 中国共享经济发展年度报告2020[R]. 北京：[出版者不详], 2020.

[3] 中国电力企业联合会. 中国电力行业年度发展报告2020[R]. 北京：[出版者不详], 2019.

[4] 国家发展和改革委员会, 中国宏观经济研究院能源研究所, 国家可再生能源中心. 中国可再生能源展望2018[R]. 北京：[出版者不详], 2018.

[5] 国网能源研究院. 构建支撑电动汽车发展的绿色能源供应体系[R]. 北京：[出版者不详], 2019.

[6] 中国氢能联盟. 中国氢能源及燃料电池产业白皮书[R]. 潍坊：[出版者不详], 2019.

[7] 李毅中. 灰氢不可取, 蓝氢可以用, 废氢可回收, 绿氢是方向[R]. 济南：[出版者不详], 2019.

[8] 佚名. 127城网约车合规数量排行榜[EB/OL]. [2019-01-11]. http://www.sohu.com/a/288232766_100163866.

[9] 交通运输部. 9月份例行新闻发布会[EB/OL]. [2020-09-24]. http://www.mot.gov.cn/2020wangshangzhibo/2020ninth.

[10] 交通运输部. 2019年交通运输行业发展统计公报[EB/OL]. [2020-05-10]. http://xxgk.mot.gov.cn/jigou/zhghs/202005/t20200512_3374322.html.

[11] 能源与交通创新中心. 中国燃油汽车退出时间表的研究[R]. 北京：[出版者不详], 2019.

[12] 王仲颖, 刘坚, 赵勇强, 等. 新能源发电与电动汽车协同发展战略研究[R].

北京：[出版者不详]，2018.

[13] 国网能源研究院，NRDC. 电动汽车发展对配电网影响及效益分析[R]. 北京：[出版者不详]，2018.

[14] 赵世佳，刘宗巍，郝瀚，等. 中国V2G关键技术及其发展对策研究[J]. 汽车技术，2018（9）：1.

[15] 国家能源局. 中国电力行业年度发展报告：新能源新增装机容量占比超五成[EB/OL]. [2019-06-19]. http://www.nea.gov.cn/2019-06/19/c_138155207.html.

[16] NRDC. 电动汽车发展对配电网影响及效益分析[R]. 上海：[出版者不详]，2018.

[17] 东方证券. 电力设备及新能源：充电桩景气度持续向上，产业链提质增效正当时[R]. 上海：[出版者不详]，2019.

[18] 国家能源局. 国家能源局新闻发布会介绍2017年度相关能源情况等[EB/OL]. [2018-07-03]. http://www.nea.gov.cn/2018-01/24/c_136921015.htm.

[19] 国际能源网. 国家能源局：2018年将继续减少弃水弃风弃光电量[EB/OL]. [2018-01-24]. http://www.in-en.com/article/html/energy-2265168.shtml.

[20] 解读《关于促进分布式能源微电网发展的指导意见》. [EB/OL][2018-07-03]. https://www.sohu.com/a/239021195_100005941.

[21] 生态环境部. 中国应对气候变化的政策与行动2018年度报告[R]. 北京：[出版者不详]，2018.

[22] 电力规划设计总院. 中国能源发展报告2020[R]. 北京：[出版者不详]，2020.

[23] 中国汽车工程学会. 汽车生命周期温室气体及大气污染物排放评价报告[R]. 北京：[出版者不详]，2019.

[24] 周博雅. 电动汽车生命周期的能源消耗、碳排放和成本收益研究[D]. 北京：清华大学，2016.

[25] 徐建全，杨沿平. 考虑回收利用过程的汽车产品全生命周期评价[J]. 中国机

械工程,2019,30(11):87-95.

[26] 中国汽车技术研究中心有限公司. 中国新能源汽车产品检测工况研究和开发[R]. 天津:[出版者不详],2018.

[27] 中国汽车技术研究中心. 中国传统汽车和新能源汽车发展趋势 2050 研究[R]. 天津:[出版者不详],2018.

[28] 杨广宾. 新能源汽车维修行业的现状与发展对策研究[J]. 汽车维护与修理,2019(14):32-33.

[29] 中国电动汽车百人会. 中国氢能产业发展报告 2020[R]. 北京:[出版者不详],2020.

[30] 能源与交通创新中心. 2017 中国乘用车燃料消耗量发展年度报告[R]. 北京:[出版者不详],2017.

[31] 上海市新能源汽车公共数据采集与检测研究中心. 上海市新能源汽车产业大数据研究报告(2018)[R]. 上海:[出版者不详],2018.

[32] 王靖添,黄全胜,马晓明. 中国交通运输参与国内碳交易现状与展望[J]. 中国能源,2016,38(5):32-37.

[33] 中国电动汽车百人会. 城市级物流领域电动化指引[R]. 北京:[出版者不详],2019.

[34] 中国信息通信研究院. 车联网网络安全白皮书(2017)[R]. 北京:[出版者不详],2017.

[35] IMT-2020(5G)推进组. C-V2X 业务演进白皮书[R]. 北京:[出版者不详],2019.

[36] 兴业证券. 2020 年汽车行业投资策略:冰与火之歌,冬与春之替[R]. 福州:[出版者不详],2019.

[37] 中国国际经济交流中心,中国信息通信研究院. 2020 中国 5G 经济报告[R]. 北京:[出版者不详],2019.

[38] 葛雨明. 5G 新技术助力车联网融合创新发展[EB/OL]. [2019-12-30]. http://www.cnii.com.cn/xxtx/201912/t20191230_143894.html.

[39] 国泰君安证券. 车联网改变社会,让出行更加智慧——5G最火行业之车联网[R]. 上海:[出版者不详],2019.

[40] SCAS与福特等车企联手在应急车辆上测试自动驾驶技术[EB/OL]. [2018-04-04]. https://www.sohu.com/a/227265969_180520.

[41] 中国信息通信研究院,国泰君安证券股份有限公司. 车联网白皮书:C-V2X分册[R]. 北京:[出版者不详],2019.

[42] 自主泊车千亿级市场迎来爆发前夜:纵目科技三款新品加速泊车智能化[EB/OL]. [2019-12-24]. https://www.veisin.com/keji/539226.html.

[43] 详解5G:关键能力、关键技术、应用场景、网络架构、经济影响[EB/OL]. [2017-10-01]. http://www.sohu.com/a/198452480_114819.

[44] 蔡志濠. 2018年车联网行业政策发展与市场前景分析. 车联网发展进入快车道,联网车辆2020年将达到7000万辆[EB/OL]. [2019-02-13]. http://www.qianzhan.com/analyst/detail/220/190213-174547eb.html.

[45] 中国国际经济交流中心,国经咨询有限公司,中国信息通信研究院,等. 中国5G经济报告2020[R]. 北京:[出版者不详],2019.

[46] 国信证券. 车联网将成5G应用先驱,把握确定性产业机遇[R]. 深圳:[出版者不详],2019.

[47] 华为. 车路一体化智能网联体系C-V2X白皮书[R]. 深圳:[出版者不详],2018.

[48] 中国智能网联汽车产业创新联盟,IMT-2020(5G)推进组C-V2X工作组,中国智能交通产业联盟,等. C-V2X产业化路径和时间表研究白皮书[R]. 北京:[出版者不详],2019.

[49] 车联网数据应用两侧[EB/OL]. [2018-04-05]. http://www.sohu.com/a/227373153_115873.

[50] 5G+自动远程驾驶:实现远程高精度控制[EB/OL]. [2019-06-25]. http://www.sohu.com/a/322918000_161117.

[51] 我国C-V2X产业发展现状与商用部署的主要问题[EB/OL]. [2018-08-

08]. www. sohu. com/a/246152011_ 649849.

[52] 中信建投证券. 5G 进入商用冲刺阶段[R]. 北京：[出版者不详]，2018.

[53] IMT-2020（5G）C-V2X 工作组. LTE-V2X 安全技术白皮书[R]. 北京：[出版者不详]，2019.

[54] 陆澜清. 2018 年车联网行业市场现状与前景预测分析：商业模式有待挖掘[EB/OL]. [2018-02-15]. https://www. qianzhan. com/analyst/detail/220/180205-eea434f9. html.

[55] 白新平. 打造车联网的服务生态圈[EB/OL]. [2014-12-05]. http://auto. sina. com. cn/news/2014-12-05/12261366108. shtml.

[56] 佚名. 车联网生态圈角色价值及主流商业模式分析[EB/OL]. [2017-01-11]. https://iot. ofweek. com/2017-01/ART-132209-8420-30090181. html.

[57] 葛雨明. 5G 车联网演进方向[EB/OL]. [2019-10-17]. http://www. xinhuanet. com/globe/2019-10/17/c_138470371. htm.

[58] 刘小明. 构建中国特色现代交通运输体系[J]. 中国公路，2018(13)：32-35.

[59] 李克强. 智能网联汽车云控基础平台分析与发展概述[R]. 北京：[出版者不详]，2018.

[60] 中国公路学会自动驾驶工作委员会. 车路协同自动驾驶发展报告 1.0 版[R]. 北京：[出版者不详]，2019.

[61] 陆化普. 智能交通系统主要技术的发展[J]. 科技导报，2019，37(6)：27-35.

[62] 汪林. 智慧公路发展思考：ITS 智能交通[R]. 深圳：[出版者不详]，2019.

[63] 海通证券. 5G 赋能，新应用重塑新产业[R]. 上海：[出版者不详]，2019.

[64] 范鹏飞. 基于 5G 通信的车联网自动驾驶关键技术[J]. 电子技术与软件工程，2019(16)：11~15.

[65] 自动驾驶技术演变：从单车智能到车路协同[EB/OL]. [2019-07-03]. https://baijiahao. baidu. com/s?id=1637995687368619207&wfr=spider&for=pc.

[66] 美国交通部. 2045 美国交通运输展望[R]. 华盛顿：[出版者不详]，2015.

[67] 王鹏，雷诚. 自动驾驶汽车对城市发展的影响及规划应对[J]. 规划师，2019 (8)：79-84.

[68] 美国交通部. 智能道路交通系统（ITS）的效益[R]. 华盛顿：[出版者不详]，2001.

[69] 黄爱玲，刘运鹤，吴月. 北京城市智能交通管理系统社会经济效益评价[J]. 交通运输系统工程与信息，2011，11(3)：21-26.

[70] 边明远，李克强. 以智能网联汽车为载体的汽车强国战略顶层设计[J]. 中国工程科学，2018，20(1)：52-58.

[71] 中国政法大学法治政府研究院，中国法学会行政法学研究会. 法治政府蓝皮书：中国法治政府发展报告（2018）[M]. 北京：社会科学文献出版社，2018.

[72] 司晓、曹建峰. 论人工智能的民事责任：以自动驾驶汽车和智能机器人为切入点[EB/OL]. [2017-08-09]. https://www.sohu.com/a/163393878_455313.

[73] 申杨柳，朱一方. 我国现行法律法规对自动驾驶汽车的适用性分析[J]. 汽车纵横. 2019(7)：25.

[74] 吴东升. 5G 车联网产业发展的冷思考[EB/OL]. [2019-07-31]. https://mp.weixin.qq.com/s/s7d4D84MQxbeNzU90hjMjw.

[75] 中国电动汽车百人会. 车联网商业生态仍处在发展的早期阶段[R]. 北京：[出版者不详]，2019.

[76] 佚名. 如何在产业园区建设中运用 PPP 模式[EB/OL]. [2015-08-14]. https://mp.weixin.qq.com/s/WDBQMqxPrOvBb7rM3FixuQ.